घर का भेदी

डॉक्टर सलमान अख़्तर के दादा मुज़्तर ख़ैराबादी, मामू मजाज़ लखनवी, वालिद जाँ निसार अख़्तर और भाई जावेद अख़्तर पर लिखे ये लेख साहित्यिक दुनिया में एक विशिष्ट स्थान रखते हैं। 'घर का भेदी' उर्दू शायरी की सोच-समझ और आलोचना की ऐसी पहली किताब है जिसमें लेखक ख़ुद अपने ख़ानदान के मशहूर और लोकप्रिय शोअरा के कलाम का विवेचन करता है और साथ ही उनके साहित्यिक ख़ज़ाने की तुलना तत्कालीन सम्माननीय शोअरा के साहित्य से भी करता है। बात की गहराई और बढ़ जाती है जब हमको ये पता चलता है कि इस किताब का लेखक न सिर्फ़ ख़ुद एक विश्वसनीय शायर और साहित्यकार है बल्कि अन्तरराष्ट्रीय ख्याति प्राप्त एक मनोवैज्ञानिक भी है। नतीजे के तौर पर 'घर का भेदी' किताब हमें कला के प्रतीकों और बिंबों से भी परिचित कराती है और उसमें निहित व्यक्तिगत पीड़ा और द्वंद्व से भी।

घर का भेदी

सलमान अख़्तर

राजकमल प्रकाशन

ISBN : 978-93-6086-014-1

मूल्य : ₹595

पहला संस्करण : 2024

प्रकाशक : राजकमल प्रकाशन प्रा. लि.
1-बी, नेताजी सुभाष मार्ग, दरियागंज
नई दिल्ली-110 002
शाखाएँ : अशोक राजपथ, साइंस कॉलेज के सामने, पटना-800 006
पहली मंजिल, दरबारी बिल्डिंग, महात्मा गांधी मार्ग, प्रयागराज-211 001
1, अनमोल सोराबजी सनतुक लेन, धोबी तलाव, मरीन लाइंस, मुम्बई-400 002
वेबसाइट : www.rajkamalprakashan.com
ई-मेल : info@rajkamalprakashan.com

मुद्रक : विकास कंप्यूटर एंड प्रिंटर्स
ट्रॉनिका सिटी-201 102

GHAR KA BHEDI
by Salman Akhtar

[1915-1953]

अपनी माँ सफ़िया अख़्तर के नाम

क्रम

इस किताब के बारे में पाँच बातें

पहली बात—इस किताब में मेरे वे लेख शामिल हैं जो मैंने अपने ख़ानदान के मशहूर और सम्मानित शोअरा पर लिखे हैं। इस सूची में मेरे दादा मुज़्तर ख़ैराबादी, मेरे मामू मजाज़ लखनवी, मेरे वालिद जाँ निसार अख़्तर और मेरे भाई जावेद अख़्तर शामिल हैं।

दूसरी बात—इस किताब का शीर्षक 'घर का भेदी' मैंने अपनी माँ सफ़िया अख़्तर के उस लेख से लिया है जो उन्होंने 1950 में अपने शौहर और मेरे और जावेद के वालिद जाँ निसार अख़्तर पर लिखा था। इस चुनौतीपूर्ण क़दम को उठाते हुए उन्होंने अपने पाठकों से कहा था कि वे लिखेंगी "तो इस शर्त पर कि न आप मुझे घर का भेदी क़रार दें और न ही मैं लंका ढाऊँ, इसी में मेरी सलामती है और बहैसियत-ए-मजमूई पूरी इंसानियत की फ़लाह भी।" मैं अपनी किताब के लिए अपनी वालिदा के इस जज़्बे से सहमत हूँ हालाँकि उनके दूसरे जुमले में 'पूरी इंसानियत' के बदले 'उर्दू शायरी' का इस्तेमाल बेहतर समझता हूँ।

तीसरी बात—इस किताब में मुज़्तर साहब, अख़्तर साहब, और जावेद पर एक-एक मज़मून है और मजाज़ पर दो। यहाँ तादाद के अलावा एक अहम फ़र्क़ और भी है और वह यह कि मजाज़ पर लिखते हुए मैंने अपने मनोविश्लेषक होने की समझ को भी बराबर जगह दी है, जबकि दादा, बाप और भाई के लेखों में मैं सिर्फ़ साहित्य का एक आलोचक रहा हूँ। इसकी वजह यह है कि दादा से मेरी दूरी बहुत ज़्यादा और बाप और भाई से बहुत कम है। एक मनोवैज्ञानिक के लिए ये दोनों ठीक नहीं। मजाज़ से मेरा जज़्बाती और ज़ेहनी फ़ासला सबसे ज़्यादा है और इसलिए मैं उनके बारे में मनोविश्लेषक की हैसियत से भी लिख सकता हूँ।

चौथी बात—इस किताब की बुनियादी ज़बान उर्दू है मगर इसमें अंग्रेज़ी के भी बहुत से शब्द हैं। मेरी यह अभिव्यक्ति परम्परावादी आलोचकों को शायद अच्छी न लगे लेकिन यही मेरा अपना अन्दाज़ है और मैं दूसरों को ख़ुश करने के लिए इसे बदलना नहीं चाहता था। आपमें से कुछ लोग जानते होंगे कि मैंने ग़ज़लों की एक पूरी किताब इसी तरह की मिलीजुली ज़बान में लिखी है जो स्टार बुक्स देहली के अमरनाथ वर्मा साहब ने प्रकाशित की है। बहरहाल जैसे मेरे adopted मुल्क अमेरिका में कहते हैं : 'It is what it is'.

पाँचवीं और आख़िरी बात—मैंने यह किताब उर्दू में लिखी थी, इसका हिन्दी अनुवाद मेरी अज़ीज़ दोस्त अचला शर्मा ने अपने पति परवेज़ आलम के साथ मिलकर किया है। अचला जी लंदन में बीबीसी हिन्दी की कई वर्षों तक अध्यक्ष रही हैं और हिन्दी में लिखती रही हैं। उनकी कहानियों और रेडियो नाटकों के संग्रह प्रकाशित हो चुके हैं। परवेज़ साहब साहित्य प्रेमी और रेडियो-टेलीविज़न के प्रसिद्ध पत्रकार हैं। बीबीसी में लम्बे समय

तक काम करने के बाद अब पॉडकास्ट की दुनिया से जुड़े हुए हैं। इन दोनों का इस किताब से जुड़ना मेरे लिए सम्मान की बात है। और भी लोग हैं जिनका सहयोग इस किताब के प्रकाशन में महत्त्वपूर्ण है। उनमें प्रमुख हैं—'नया दौर' के सम्पादक रिफ़अत अज़्मी, मेरे अज़ीज़ दोस्त (जो ख़ुद लेखक और शायर हैं) सैफ़ महमूद और मुहम्मद अब्दुल्लाह, मेरी कज़िन डॉ संुबुल वारसी जो कि बाल रोगों की अनुभवी डॉक्टर हैं, मेरे एक और कज़िन नासिर हारवानी जो दिल्ली के जाने-माने गायक हैं, राजकमल प्रकाशन के सर्वेसर्वा अशोक महेश्वरी और जनाब जमाल भारती जिन्होंने इस किताब की उर्दू पांडुलिपि तैयार करने में सहायता की। इन तमाम लोगों की मदद के बग़ैर मेरी यह कोशिश आप तक न पहुँच सकती थी।

ख़ाकसार
सलमान अख़्तर

अप्रैल 18, 2024
Haverford, PA
USA

मेरे दादा

मुज़्तर ख़ैराबादी

(1865-1927)

मेरे अजदाद का मकान है ये
तुमसे पहले की दास्तान है ये

—सलमान अख़्तर

साहित्यिक रचनाएँ

लम्बी नज़्मों की लघु पुस्तकें

- मुँह देखी मुहब्बत (1904)
- नेकी का बदला बदी (1901)
- अल्लाह बस बाक़ी हवस (1900)
- दुखी की पुकार (1905)
- फ़ुग़ान-ए-मुज़्तर (1904)

नातिया कलाम का संग्रह

- नज़्र-ए-ख़ुदा (1912)

शायरी का एक और संग्रह

- इलहामात (1924)

उपन्यास

- क़तील-ए-जफ़ा—तीन खंड (प्रकाशन का वर्ष नहीं मालूम)

ड्रामे (प्रकाशन वर्ष नहीं मालूम)

- अंजाम-ए-सब्र
- राज़-ए-वहदत
- रफ़ीक़ बीवी
- सेहरे का फूल
- अज़ीज़-ए-मिस्र

रचना संकलन

- ख़िरमन (पाँच खंड-2015)

सर पे साया है मेरे एक घने बरगद का

विनम्रतापूर्वक सोचता हूँ तो ख़ुद अपने पर शक होता है कि क्या मैं अपने दादा मशहूर शायर मुज़्तर ख़ैराबादी पर सिर्फ़ ख़ानापूरी के लिए और ख़ुद को एक आज्ञाकारी और नेक पोता साबित करने के लिए तो यह लेख नहीं लिख रहा हूँ? यह एहसास यूँ भी जागता है क्योंकि न तो मैं उनसे कभी मिला (उनकी मौत मेरी पैदाइश से पहले हो चुकी थी) और न मैंने उनकी शायरी का ठीक से अध्ययन किया है। हाँ यह सच है, बचपन से जानता ज़रूर था कि भई हमारे दादा एक मशहूर शायर थे। उनके नातिया कलाम के संग्रह 'नज्र-ए-ख़ुदा' की एक फटी-पुरानी कॉपी शायद चौदह पन्द्रह साल की उम्र में देखी थी लेकिन चूँकि मज़हब का जोश ख़ून में कम था इसलिए उसने कोई ख़ास आकर्षित नहीं किया। मुज़्तर साहब का नाम और उनके शायर होने का असर ज़ेहन पर यूँ भी कम हो गया कि ख़ुद हमारे वालिद जाँ निसार अख़्तर और मामू मजाज़ लखनवी मशहूर और लोकप्रिय शायर थे और इन दोनों से बचपन की अनगिनत यादें जुड़ी हुई थीं। तो भई इस तमाम भीड़-भाड़ में स्वर्गवासी दादा हमारे दिल तक न पहुँचे और न ही हमने कोई ख़ास कोशिश

की उनको पढ़ने की या उनकी शख़्सियत को जानने की।

कॉलेज शुरू हुआ, जवानी आई, अलीगढ़ का माहौल मिला, बैत बाज़ियों (अन्त्याक्षरी) में भागीदारी की। अब कुछ अशआर दादा के पता चले। जिनमें ये दोनों प्रमुख थे :

असीर-ए-पंजा-ए-अहद-शबाब करके मुझे
कहाँ गया मेरा बचपन ख़राब करके मुझे

और

वक़्त मुझ पर दो कठिन गुज़रे हैं सारी उम्र में
इक तेरे आने से पहले, इक तेरे जाने के बाद

इसी दौर में मेरी मुलाक़ात एक साहित्य प्रेमी और बड़े प्यारे दोस्त जनाब असलम क़िदवई से हुई। यह बात शायद 1964 या 1965 की है। उन्होंने मेरे दादा जनाब मुज़्तर ख़ैराबादी की 'बहर-ए-तवील' (लम्बी बहर की नज़्म) से परिचित कराया। उनका यह एहसान कभी न भूलूँगा क्योंकि न सिर्फ़ यह मेरे लिए एक बहुत बड़ा साहित्यिक पाठ था बल्कि मेरे पनपते हुए आत्मसम्मान के लिए एक बहुत प्रभावशाली नुस्ख़ा भी। यह इसलिए कह रहा हूँ कि ज़बानी याद कर लेने के बाद मैंने कितनी ही महफ़िलों में दादा की 'बहर-ए-तवील' सुनाई और ढेरों तारीफ़ें सुनीं। आज भी ज़बानी याद है और ज़रा से अनुरोध पर ख़ुशी-ख़ुशी सुना सकता हूँ।

दूसरा मोड़ इस सफ़र में तब आया जब वाशिंगटन डीसी की एक दुकान से मैंने हिन्दुस्तानी गायक चन्दन दास का एक रिकॉर्ड ख़रीदा जिसमें मुज़्तर साहब की एक ग़ज़ल भी शामिल थी। उसके दो अशआर मुझे बेहद अच्छे लगे और वो ये थे :

इलाज-ए-दर्द-ए-दिल तुमसे मसीहा हो नहीं सकता
तुम अच्छा कर नहीं सकते, मैं अच्छा हो नहीं सकता

तुम्हें चाहूँ, तुम्हारे चाहने वालों को भी चाहूँ
मेरा दिल फेर दो, मुझसे ये झगड़ा हो नहीं सकता

लेकिन दादा की शायरी पर नाज़ का यह दौर क्षणिक निकला। ज़िन्दगी की व्यस्तता और डॉक्टरी की प्रैक्टिस ने दिल-ओ-दिमाग़ को क़ैदी बना रखा था। बक़ौल मजाज़ : 'ज़िन्दगी मुंतज़िर है मुँह फाड़े'। तो भई हम भी इसका शिकार हो गए और अपनी ख़ानदानी विरासत से बेगाने।

अब इस ड्रामे में मेरे भाई जावेद अख़्तर दाख़िल होते हैं।

जावेद, जो हिन्दी फ़िल्मों के एक जाने-माने संवाद लेखक और गीतकार होने के अलावा ख़ुद भी एक प्रसिद्ध शायर और हर सामाजिक परिभाषा के अनुसार एक 'बड़े आदमी' हैं, उन्होंने मुज़्तर साहब का वो तमाम कलाम जो हमारे वालिद ने जमा करना शुरू किया था, बड़ी तैयारी के साथ 'ख़िरमन' शीर्षक से पाँच खंडों में प्रकाशित करवाया। लगभग ढाई हज़ार पन्नों में फैला हुआ यह साहित्यिक ख़ज़ाना 2015 में रिलीज़ हुआ और उस मौक़े पर आयोजित समारोह की अध्यक्षता हिन्दुस्तान के तत्कालीन उपराष्ट्रपति जनाब मुहम्मद हामिद अंसारी ने की। ख़ानदानी परम्परा के अनुसार और भाई होने के नाते, जावेद ने इस संकलन का एक सेट मुझे भी भिजवाया, लेकिन अफ़सोस और शर्म की बात यह है कि मेरी क्लिनिकल और अकादमिक व्यस्तता ने मुझे इतना वक़्त न दिया कि मैं ठीक से उसका अध्ययन कर सकूँ और जिल्द में बँधी किताबों का यह ख़ूबसूरत सेट मेरे घर में फ़र्नीचर का एक टुकड़ा बनकर रह गया।

अब आकर, यानी आज से कोई डेढ़ साल पहले, मुझे ख़याल आया कि मैंने अपने वालिद और मामू पर जो लेख लिखे हैं उनको एक छोटी सी किताब की शक्ल दे दूँ। तो सोचा कि भाई भी तो अन्तरराष्ट्रीय ख्याति-प्राप्त शायर हैं, उन पर भी कुछ लिखूँ। सो वो किया, लेकिन ख़लिश रह गई कि दादा पर इस किताब में क्यों कुछ भी नहीं है। इस तड़प ने और इस ज़िम्मेदारी के एहसास ने मुझे मजबूर किया कि मैं उनको पढ़ूँ और कुछ उनके बारे में

भी इस किताब में शामिल करूँ। जब यह काम शुरू किया तो उनके और भी कई अच्छे शेर पढ़ने को मिले। ये चार तो मुझे ख़ासतौर पर पसन्द आए :

मेरे गुनाह ज़्यादा हैं या तेरी रहमत
करीम तू ही बता दे हिसाब करके मुझे

अब इससे बढ़ के क्या नाकामियाँ होंगी मुक़द्दर में
मैं जब पहुँचा तो कोई भी न था मैदान-ए-महशर में

उम्र सब ज़ौक़-ए-तमाशा में गुज़ारी लेकिन
आज तक ये न खुला किसके तलबगार हैं हम

मैं ख़्वाब में फिरता हूँ तजस्सुस में तुम्हारे
सोता हूँ मगर दश्त-ए-नवरुदी नहीं जाती

कुछ और अध्ययन करने पर मुज़्तर साहब के शायराना मिज़ाज और उनकी साहित्यिक उपलब्धियों के बारे में तीन बातें मुझ पर हल्के-हल्के स्पष्ट हुईं और उन तीन बातों की तरफ़ अब आपका ध्यान आकृष्ट करना चाहता हूँ।

रचना संसार का वैविध्य

मुज़्तर साहब ने शायरी के हर मैदान में न सिर्फ़ क़दम रखा बल्कि जहाँ-जहाँ गए वहाँ-वहाँ महारत हासिल की। 'नातिया' कलाम भी कहा और 'रूमानवी' भी, 'क़सीदे' भी लिखे और 'मसनवी' भी, गम्भीर और परिपक्व साहित्य भी लिखा और 'हजो' भी (ऐसा कलाम जो किसी की निंदा में लिखा गया हो)। अपने वालिद जाँ निसार अख़्तर के शब्दों में कहूँ, तो ये होगा कि :

> मुज़्तर साहब की शायरी ग़ज़लों तक ही महदूद न थी, वो हर सिन्फ़-ए-सुख़न पर क़ादिर थे, क़सीदे, क़ितआत, ख़म्से, तज़मीन, चहारबैत, नोहे, तारीख़, ग़र्ज़ आपने सब कुछ कहा है।

शायद कुछ और शायर भी हों जिनके बारे में यह कहा जा सकता है लेकिन ज़रा आगे बढ़िए तो आँखें खुली की खुली रह जाती हैं। मुज़्तर साहब ने मीलाद की महफ़िलों और मुहर्रम की मजलिसों के लिए गद्य की पुस्तकें लिखीं। इनके अलावा एक उपन्यास लिखा जो 'क़तील-ए-जफ़ा' के नाम से उनकी जवानी के दौर में प्रकाशित हुआ। और बक़ौल जाँ निसार अख़्तर साहब :

> मुज़्तर साहब के लिखे हुए दो ड्रामे 'अंजाम-ए-सब्र' और 'राज़-ए-वहदत' उनकी हयात में स्टेज भी हुए थे, चन्द और ड्रामे 'सेहरे के फूल', 'रफ़ीक़ बीवी' और 'अज़ीज़-ए-मिस्र' भी लिखे जो नातमाम हैं।

ज़ूदगोई—कम समय में ज़्यादा लिखने की कला

कुछ शायर हज़रात कहने में काफ़ी वक़्त लगाते हैं और कुछ निहायत तेज़ी के साथ लिखते हैं। मुज़्तर साहब इस दूसरे वर्ग का प्रतिनिधित्व करते हैं। एक बार फिर अपने वालिद जाँ निसार अख़्तर साहब को उद्धृत करूँगा :

> मुज़्तर साहब की शायराना सलाहियत और ज़ूदगोई का वही लोग अन्दाज़ा कर सकते हैं जिनको उनके साथ रहने या उठने-बैठने का इत्तिफ़ाक़ हुआ हो। उनके लिए दस मुख़्तलिफ़-उल-औज़ान बहरों में मुख़्तलिफ़ रदीफ़-ओ-क़ाफ़िया के साथ ब-यक वक़्त शेर कहना उतना ही आसान था जितना दस ग़ज़लों से किसी के लिए मुतवातिर एक-एक शेर पढ़ते

रहना। उनकी ज़ूदगोई का ये आलम था कि चाहते तो शेरों में मुसलसल गुफ़्तगू कर सकते थे।

एक महफ़िल में पहुँचे तो मालूम न था यह मुशायरे की महफ़िल है लेकिन जब सभापति के अनुरोध पर ग़ज़ल सुनाना शुरू किया तो यूँ कि जब तक लोग उनके पहले शेर की तारीफ़ करते तब तक वह अगला शेर कह लेते। इस तरह उन्होंने पूरी ग़ज़ल 'फ़िलबदीह' (तुरन्त शेर कहना या आशु कविता) कहकर मुशायरा लूट लिया।

भाषा-शिल्प पर अधिकार

मुज़्तर साहब को न सिर्फ़ तमाम शायरी की क़िस्मों पर महारत हासिल थी, बल्कि उन्हें भाषा से सम्बन्धित इतिहास, अर्थ, लचक और चाशनी, फ़ारसी की तरकीबें, अरबी की गरिमा और तुर्की की रवानी—इन तमाम पहलुओं पर अधिकार प्राप्त था। मेरे भाई जावेद अख़्तर ने 'ख़िरमन' की भूमिका में नोट किया है :

> मुज़्तर साहब ने हिन्दी में भी शायरी की है। उनके दोहे, कजरियाँ, होरियाँ, भजन और गीत भी मक़बूल-ए-आम हुए हैं।

यह बात ज़रूर प्रभावशाली है लेकिन मुज़्तर साहब की भाषा-शिल्प की महारत का सबूत उनकी 'बहर-ए-तवील' से बढ़कर कहीं नहीं मिलता। एक टुकड़ा (जो दरअसल ग़ज़ल का सिर्फ़ एक मिसरा है) पेश कर रहा हूँ। देखिए और ख़ुद ही फ़ैसला कीजिए :

मैं यही सोच रहा था उसे क्यों हमने दिया दिल
है जो बेमेहरी में कामिल, जिसे आदत है जफ़ा की

जिसे चिढ़ मेहर-ओ-वफ़ा की, जिसे आता नहीं आना, ग़म-ओ-हसरत मिटाना
जो सितम में है यगाना, जिसे कहता है ज़माना
बुत-ए-बेमेहर-ओ-दग़ा बाज़, जफ़ा पेशा फ़ुसुँसाज़,
सितम ख़ाना बरअन्दाज़, ग़ज़ब जिसका हर इक नाज़, नज़र फ़ितना,
मिज़ा तीर, बला ज़ुल्फ़-ए-गिरहगीर, ग़म-ओ-रंज का बानी
क़ल्क़-ओ-दर्द का मूजिद, सितम और जौर का उस्ताद, जफ़ाकारी में माहिर
जो सितमकश-ओ-सितमगर, जो सितमपेशा है
दिलबर, जिसे आती नहीं उल्फ़त, जो समझता नहीं चाहत
जो तसल्ली को न समझे, जो तशफ़्फ़ी को न जाने, जो करे क़ौल न पूरा
करे हर काम अधूरा, यही दिन रात
तसव्वुर है कि नाहक़ उसे चाहा, जो आए न बुलाए,
न कभी पास बिठाए, न रूख़-ए-साफ़ दिखाए, न कोई बात सुनाए
न लगी दिल की बुझाए, न कली दिल की खिलाए
न ग़म-ओ-रंज घटाए, न रह-ओ-रस्म बढ़ाए, जो कहो कुछ तो ख़फ़ा हो
कहे शिकवे की ज़रूरत, जो यही है तो न चाहो,
जो न चाहोगे तो क्या है, न निबाहोगे तो क्या है
बहुत इतराओ न दिल दे के, ये किस काम का दिल है
ग़म-ओ-अन्दोह का मारा, अभी चाहूँ तो रख दूँ उसे तलवों से मसलकर
अभी मुँह देखके रह जाओगे,
हैं, इनको हुआ क्या कि मेरा दिल लेके मेरे हाथ से खोया।

मैं समझता हूँ कि मुज़्तर साहब के इस एक मिसरे ने आपको उनके भाषा-शिल्प पर अधिकार का विश्वास दिला दिया होगा। तो साहित्य के इस

ख़ज़ाने की ये तीन आधारभूत विशेषताएँ हैं—वैविध्यपूर्ण रचना संसार, ज़ूदगोई यानी कम समय में ज़्यादा लिखने की कला और भाषा-शिल्प पर अधिकार।

और अन्त में

बात यहाँ ख़त्म नहीं होती क्योंकि न तो एक शायर का सफ़र उसकी मौत पर ख़त्म होता है और न ही एक बाप का। प्रभाव रह जाते हैं। यादें अगली नस्लों के किरदारों में झलकती हैं। दिल की पुकार की अनुगूँज उनके बेटों और पोतों की आवाज़ में सुनाई देती है और मुज़्तर साहब के साथ भी ऐसा ही हुआ।

उनकी साहित्यिक रुचि और महारत की तमाम ख़ूबियाँ मेरे वालिद जाँ निसार अख़्तर, मेरे भाई जावेद अख़्तर और मेरे रचनात्मक लेखन में निहित भी हैं और प्रकट भी। हम तीनों ने बहुत लिखा है, कम समय में बहुत तेज़ी से लिखा है, और तरह-तरह की विधाओं में लिखा है, जिसमें गद्य भी शामिल है और पद्य भी। जिसमें उर्दू भी शामिल है, हिन्दी और अंग्रेज़ी भी, जिसमें ग़ज़ल के अलावा क़ितआत, लम्बी नज़्में, गीत, भजन और तज़मीन (अपने या किसी दूसरे शायर के मिसरे या शेर पर मिसरे लगाना) भी शामिल हैं। लिखने की रफ़्तार की बात करूँ तो एक बार मेरे वालिद ने बेगम अख़्तर के गाने के लिए एक ताज़ा ग़ज़ल पाँच मिनट में कही एक फ़िल्मी गाने के लिए सौ अन्तरे (यानी चार सौ मिसरे) दो घंटों में लिखे। मैंने अपनी तमाम ग़ज़लें पाँच छह मिनटों में ख़त्म की हैं और एथेंस और लंदन के हवाईअड्डों पर बैठे हुए आठ-आठ, दस-दस पन्नों के लेख एक-एक घंटे में लिखे हैं। शायरी के विस्तृत कैनवस की बात करूँ तो अपने वालिद और भाई जावेद अख़्तर की मिसाल दूँगा। ग़ज़ल, नज़्म, गीत, भजन, मर्सिया, संवाद, फ़िल्मी स्क्रीन प्ले, उर्दू साहित्य के इतिहास पर लेख, क्या कुछ नहीं लिखा है इन दोनों ने। अगर आप मुझ पर बड़बोलेपन का आरोप न लगाएँ तो अर्ज़ है कि यह किताब जो आप पढ़ रहे हैं, मेरी एक सौ बारहवीं किताब है। मेरे वालिद और

मेरे भाई जावेद अख़्तर की साहित्यिक रचनाओं में भाषा शिल्प पर अधिकार के भी बहुत से नमूने हैं लेकिन यहाँ जावेद के फ़िल्मी गीत 'ब्रैथलैस' और फ़िल्म 'युगांधर' में उनकी लिखी भगवान कृष्ण के अनगिनत नामों की एक गीतमाला की मिसाल देना ही काफ़ी होगा। ये दोनों गुण मुज़्तर साहब की ही दी हुई विरासत हैं, यह कहने में अतिशयोक्ति न होगी। और भी बहुत मिसालें हैं लेकिन इस लेख को यह कहकर ख़त्म करता हूँ कि जो कुछ मैंने इस किताब में अपने वालिद और अपने भाई पर लिखा है, उसमें आपको मुज़्तर साहब की प्रासंगिकता ज़रूर नज़र आएगी। बिलकुल आख़िरी बात यह कि मैंने मुज़्तर साहब के कलाम को पढ़ना इसलिए शुरू किया था कि इस लेख के लिए सामग्री चाहिए थी। क्या ख़बर थी कि इस प्रक्रिया में मेरी अपनी भावनात्मक और मानसिक समझ और ख़ानदानी विरासत की इज़्ज़त भी मेरे दिल में और बढ़ जाएगी। अपनी इस समृद्धि की भावना की अभिव्यक्ति मुज़्तर साहब का ही एक शेर सुनाकर करता हूँ :

ख़ुदा की देन का मूसा से पूछिए अहवाल
कि आग लेने को जाएँ, पयंबरी मिल जाए

मेरे मामू

मजाज़ लखनवी

(1911-1955)

जो डूबते का सहारा बना था वो तिनका
बस अगले पल ही मुक़द्दर के आबशार में था

—सलमान अख़्तर

साहित्यिक रचनाएँ

- आहंग (1938)

१

तीन दायरों का शायर

असरारुल हक़ मजाज़ लखनवी
मजाज़ लखनवी
मजाज़

एक शायर के नाम को इस तरह संक्षिप्त करते जाना सिर्फ़ एक lexical gamesmanship (शाब्दिक खेल कौशल) नहीं है। ये तीन नाम हैं—तीन concentric circles (एक दायरे के अन्दर अन्य दायरे जिनका डायमीटर यानी व्यास भले अलग-अलग हो लेकिन केन्द्रबिन्दु एक होता है) जो हमें इस अहम मगर कम लिखने वाले शायर की शख़्सियत और शायरी दोनों से ही परिचित कराते हैं। आरम्भिक और मध्य बीसवीं सदी के मुसलमानों का एक गंगा-जमुनी वर्ग, लखनऊ की सम्मानित रिवायतें और इंसान का यथार्थ और भ्रम के बीच रुका हुआ अस्तित्व—एक-एक करके हमें इन तीन दायरों में मिलते हैं। मजाज़ की शख़्सियत और शायरी इन्हीं तीन तहों में जुड़ी-बँधी है।

इससे पहले कि कुछ और कहूँ यह बता देना आवश्यक है कि मजाज़ मेरे मामू थे। लेकिन यह भी कहना है कि ख़ून का यह रिश्ता मेरे इन चन्द अल्फ़ाज़ के लिखने में न तो कोई ख़ास मददगार साबित हो रहा है और न ही कोई बाधा बन रहा है। बात यह है कि मैं महज़ नौ साल का था जब मजाज़ का निधन हुआ, लिहाज़ा उनके बारे में जो मुझे कहना है वह निजी तजुर्बे, सुने-सुनाए क़िस्सों, किताबों से हासिल की हुई जानकारी है और एक अधेड़ उम्र के मनोविश्लेषक के अनुभवों का निचोड़ है। इन बातों को इतिहासकारों, पत्रकारों और वकीलों के magnifying glass से न देखें। इन्हें मुहर्रम के उदास हलवे की याद और विरह के गीत की तरह दिल में उतर जाने दें।

मजाज़ की सांस्कृतिक और व्यक्तिगत पृष्ठभूमि के बारे में 'जग्गन भैया' शीर्षक से मेरी ख़ाला हमीदा सालिम ने जो लेख लिखा है उससे मुक़ाबला करने का मूर्खतापूर्ण अपराध मैं नहीं करूँगा। मेरा ख़याल यह है कि जब तक उर्दू ज़िन्दा रहेगी इस लेख का मनोरम विस्तार उसकी भावनात्मक गहराई और उसकी साहित्यिक चकाचौंध बरक़रार रहेंगे। फिर भी एक-दो बातें अपनी तरफ़ से कहना चाहता हूँ।

पहली यह कि मजाज़ बीसवीं सदी के शुरुआती दौर के जिस मुस्लिम वर्ग से उभरे वह कई परस्पर विरोधों का सामना कर रहा था और ये तमाम विरोध उनके मिज़ाज, उनके रहन-सहन और उनके कलाम का हिस्सा बन गए। ज़रा सोचिए, एक तरफ़ सोया-सोया सा रुदौली का गाँव और दूसरी तरफ़ जागती और जगमगाती सड़कों वाले लखनऊ, दिल्ली और बम्बई। एक तरफ़ हाफ़िज़ और ख़य्याम की बौद्धिक परम्परा और दूसरी तरफ़ हज़रतगंज के कॉफी हाउस के चुस्त लतीफ़े। एक तरफ़ क़ुरान और अज़ान के संजीदा निर्देश और दूसरी तरफ़ मयकशी और महफ़िल-ए-याराँ की हाओ-हू। एक तरफ़ ज़मींदारी की बख़्शी हुई शर्मीली तहज़ीब और दूसरी तरफ़ प्रगतिशील आन्दोलन के प्रतिरोधी स्वर। ये तमाम विरोधाभास हमें मजाज़ के व्यक्तित्व में भी मिलते हैं और उनके कलाम में भी।

बताइए, किस उर्दू शायर से आप परिचित हैं जो बच्चों के साथ वक़्त गुज़ारने को सचमुच इंजॉय करता हो? मैं एक आम और transient idealization (कुछ समय के लिए किसी को आदर्श मान लेना) की बात नहीं कर रहा हूँ, मेरा इशारा एक सार्थक सम्बन्ध की तरफ़ है। मजाज़ के अपने बच्चे तो नहीं थे लेकिन वह अपने अन्दर के बच्चे से लगातार एक निहायत गहरा और सुखद सम्पर्क बनाए रखते थे और शायद इसीलिए वह घर के तमाम बच्चों के साथ बातें भी करते थे, उन्हें तसवीरें भी बना के देते थे, सड़क के ठेले वालों से चाट ख़रीदकर बच्चों में बाँटते थे और उन्हें पेड़ों पर चढ़ना भी सिखाते थे।

एक और मज़े की बात सुनिए, मजाज़ को खेलकूद का भी शौक़ था। जब छोटे थे हाई जम्प और लॉन्ग जम्प की बाक़ायदा प्रैक्टिस करते थे। बड़े हुए तो हॉकी और टेनिस खेलना शुरू किया। बाद में मेरे साथ और घर के दूसरे बच्चों के साथ उन्होंने ख़ूब क्रिकेट खेली। ग़म-ए-दिल और वहशत-ए-दिल का मारा यह उदास शायर एक उम्दा फ़ास्ट बॉलर भी था। कहिए, है कोई उसकी मिसाल?

अब एक-दो बातें उनके कलाम के बारे में। बचपन में उनके अश'आर याद तो थे मगर ज़ाहिर है कि समझ से बाहर थे। कुछ बड़े होने के बाद बैत बाज़ियों (अन्त्याक्षरी) के कुरुक्षेत्र में मामू ने कृष्ण बनकर रास्ता दिखाया लेकिन जब मनोविश्लेषक बनने के बाद उनकी शायरी को पढ़ा तब जाके उसके राज़ खुले। मालूम हुआ कि मजाज़ की शायरी एक पुल है जो कामुकता को वैचारिकता से, वैयक्तिक को राजनीतिक से और बालसुलभ कौतूहल को अस्तित्व सम्बन्धी आक्रोश से जोड़ता करता है। चन्द मिसालें हाज़िर हैं, देखिए :

फिर चली है रेल स्टेशन से लहराती हुई
नीम शब की ख़ामशी में लोरियाँ गाती हुई

बीसवीं सदी के शुरू में लोगों के लिए और ख़ासतौर पर गाँव में पले-बढ़े एक बच्चे के लिए स्टेशन और रेल, अद्‌भुत मशीनी चमत्कार तो थे ही

लेकिन सामाजिक और सियासी ज़िन्दगी की जड़ता और गति के आधुनिक प्रतीक चिह्न भी थे। इतिहास के इस परिवर्तनकारी आन्दोलन की उत्कंठा को आधी रात में सुनी माँ की लोरियाँ ही सँभाल सकती थीं। मजाज़ इस भेद से वाक़िफ़ थे और यह बड़े कमाल की बात है।

उनकी इस नज़्म में खोज की अनुभूति और जो बढ़ती हुई बेचैनी दबा-दबा इज़्हार पाती है वो 'आवारा' में Edward Munch की पेंटिंग The Scream की तरह कान भेदनेवाली बन जाती है :

जी में आता है कि मुर्दा चाँद तारे नोच लूँ
इस किनारे नोच लूँ और उस किनारे नोच लूँ
एक दो का ज़िक्र क्या सारे के सारे नोच लूँ
ए ग़म-ए-दिल क्या करूँ, ए वहशत-ए-दिल क्या करूँ

लेकिन इस बेचैनी का राज तमाम नज़्म पर नहीं है। सहज कारीगरी, लुभावने बिम्ब-प्रतीक और वॉटर कलर पेंटिंग की नरमी भी इस नज़्म में मौजूद है :

इक महल की आड़ से निकला वो पीला माहताब
जैसे मुल्ला का अमामा जैसे बनिये की किताब
जैसे मुफ़्लिस की जवानी जैसे बेवा का शबाब
ए ग़म-ए-दिल क्या करूँ, ए वहशत-ए-दिल क्या करूँ

'आवारा' के इस बंद पर अगर एम.एफ. हुसैन ने तसवीर नहीं बनाई तो नज़्म का शायर और उसके पाठक ही वंचित नहीं हुए, ख़ुद चित्रकार भी वंचित रह गए।

ख़ैर चलें आगे बढ़ें।

मजाज़ की शायरी में औरत का जो चित्रण है वो कितना बहुमुखी है, उसका बयान आसान नहीं है। सच यह है शायर की नज़र और उसके सामाजिक युग को देखते हुए यह औरत सबसे पहले तो सकुचाई हुई नज़र आती है :

इक महफ़िल-ए-रंगीं में वो घबराई हुई सी
बैठी है अजब नाज़ से शरमाई हुई सी

लेकिन औरत के अस्तित्व का यह पहलू तसवीर का सिर्फ़ एक रुख़ है। उस औरत में गर्व और आत्मविश्वास भी है बल्कि इतना कि थोड़ा डर का एहसास भी जगाता है :

मेरी हुक्मरानी है सारी ज़मीं पर
ये तहरीर था साफ़ उसकी जबीं पर

और बात यहाँ भी ख़त्म नहीं होती। बक़ौल फ़ैज़ 'संग-ए-मरमर से तराशे हुए बर्फ़ाब से जिस्म' जब बेसाख़्तगी के जादू से पिघलते हैं तो मजाज़ की शायरी मशहूर फ्रांसीसी आर्टिस्ट Monet की बनाई पानी की लहरों का मुक़ाबला करती है :

हँसी और हँसी इस तरह खिलखिलाकर
कि शम्मा-ए-हया रह गई झिलमिलाकर

इन दो मिसरों में जो आवाज़ और नज़र का मिलन है, उसका उर्दू शायरी में कहीं और मिलना मुश्किल है। लेकिन 'नोरा' के इस शेर में जो सन्देश निहित है वह शब्दों की सुन्दरता से बड़ा है। इस सन्देश में औरत की कामुकता का स्वीकार ही नहीं बल्कि उसका प्रोत्साहन भी है। ध्यान से देखिएगा तो पता चलेगा कि औरत की काम वासना एक शोख़ हँसी के फ़व्वारे की चिलमन के बहुत क़रीब खड़ी है और इस सच को ध्यान में रखते हुए क्या आश्चर्य कि सामाजिक सतह पर मजाज़ औरत से कहते हैं कि वो और बहादुर बने और खुले और अपना हक़ जताए :

तेरे माथे पे ये आँचल बहुत ही ख़ूब है लेकिन
तू इस आँचल से इक परचम बना लेती तो अच्छा था

लेकिन मजाज़ की शायरी औद्योगिक क्रान्ति की रेल और स्टेशन

की प्रतीक ही नहीं बनती, यूरोप और अमेरिका के नारीवादी आन्दोलन का प्रतिनिधित्व ही नहीं करती, बल्कि मनोविज्ञान की भूलभुलैयों की मार्गदर्शक भी बनती है। यह उनके कलाम का तीसरा और व्यक्तिगत concentric circle है और इस सतह पर हमें उनके अन्दर Freud और Klein का personal sense of responsibility का फ़लसफ़ा मिलता है :

कुछ तुम्हारी निगाह काफ़िर थी
कुछ मुझे भी ख़राब होना था

और इससे ज़्यादा बेरहम हैं उनकी नज़्म 'एतराफ़' के ये मिसरे :

मुझसे मिलने में अब अन्देशा-ए-रुसवाई है
मैंने ख़ुद अपने किए की ये सज़ा पाई है

लेकिन इस गहरी नज़र के साथ-साथ एक अस्तित्व सम्बन्धी द्वंद्व भी है :

बताने वाले वहीं पर बताते हैं मंज़िल
हज़ार बार जहाँ से गुज़र चुका हूँ मैं

और इससे कहीं ज़्यादा मुखर ये पंक्तियाँ हैं :

ज़िन्दगी साज़ दे रही है मुझे
सहर-ओ-एजाज़ दे रही है मुझे
और बहुत दूर आसमानों से
मौत आवाज़ दे रही है मुझे

अब और क्या कहूँ, सिवा इसके कि काश यह निहायत सजीला और शर्मीला इंसान, यह बर्बादी की हद तक शराब का रसिया, यह बच्चों से मुहब्बत करने वाला खिलाड़ी, यह चलती हुई रेल गाड़ी में हज़ार-हज़ार बिम्ब और प्रतीक बसानेवाला कलाकार, यह Monet और हुसैन जैसे कलाकारों की सम्भावित प्रेरणा, यह मसाइल-ए-तसव्वुफ़ (गहरे दार्शनिक विचार) का प्रतिपादक, यह

मेरी माँ का भाई। काश यह आसमानों से आती हुई इस आवाज़ को, जो उसे मौत की तरफ़ बुला रही थी, इतनी जल्दी न सुनता, काश ऐसा न होता। काश जो 'मजमा-ए-रंगीं' में शरमाई हुई बैठी थी वो उठकर मजाज़ का हाथ थाम लेती या कोई 'मुतरिब-ए-बज़्म-ए-दिलबराँ' साज़ उठाकर मजाज़ का ध्यान बँटा लेता या हम घर के बच्चे ही कुछ करते। शोर मचाते, मामू साहब क्रिकेट खेलेंगे? मामू साहब भगवती से आलू की टिकिया लेके आएँ? मामू साहब आपको घोड़े की तसवीर बनाना आती है? मामू साहब, मामू साहब।

मगर ऐसा न हुआ। हुआ यह कि शायर का 'दिल-ए-महज़ूँ' (दुखा हुआ दिल) किसी तरह से 'तस्कीन' (आराम) न पा सका और उसकी ज़िन्दगी पल पल छोटी होती गई। यहाँ तक कि 5 दिसम्बर, 1955 को मजाज़ इस दुनिया से विदा हो गए और आज तक़रीबन सत्तर साल बाद मैं जैसे एक सृजनात्मक कन्याकुमारी के दक्षिणी किनारे पर खड़ा देख रहा हूँ तीन समन्दरों को जो अलग-अलग भी हैं और एक दूसरे में घुल-मिल भी गए हैं। तीनों का अपना इतिहास है, अपनी आवाज़ है, अपना स्वभाव और संस्कार है।

असरारुल हक़ मजाज़ लखनवी
मजाज़ लखनवी
मजाज़

२

अस्त-व्यस्त ज़िन्दगी और रहस्यमय मौत

मजाज़ के निधन को एक महीना ही गुज़रा होगा कि उर्दू साहित्य के क्षितिज पर एक निहायत रौशन और महत्त्वपूर्ण सितारा उभरा। यह सितारा इंसानी सूरत में न होकर एक साहित्यिक लेख की शक्ल में था। उस लेख का शीर्षक था 'जग्गन भैया' और इसकी लेखिका थीं मजाज़ की छोटी बहन मोहतरमा हमीदा सालिम। निजी और ख़ानदानी ब्योरों से भरपूर, सामाजिक पृष्ठभूमि से गहरी पहचान रखने वाला, कुछ खोने के दर्द से काँपता-थरथराता, मुहब्बत में डूबा और ज़बान की छोटी-बड़ी बारीकियों को सँभाले हुए, हमीदा सालिम का यह लेख अब उर्दू साहित्य की एक अमर कृति बन चुका है। अली सरदार जाफ़री ने मेरे वालिद जाँ निसार अख़्तर की बेहद मशहूर नज़्म 'आख़िरी लम्हा' पर अपनी टिप्पणी इस जुमले पर ख़त्म की है :

> 'जब तक उर्दू ज़बान ज़िन्दा है, इन अश'आर की ताबनाकी कम न होगी।'

> यही बात मैं अपनी ख़ाला हमीदा सालिम के लेख 'जगगन भैया' के बारे में यक़ीन से कह सकता हूँ।

इस प्रस्तावना का एक उद्देश्य यह भी है कि मैं इस लेख से काफ़ी कुछ उधार लूँगा। यहाँ तक कि मैं अपने इस लेख की शुरुआत ही वहाँ से करता हूँ जहाँ मेरी ख़ाला ने अपना लेख ख़त्म किया था। कहती हैं :

> आख़िर एक दिन सबने सुन लिया कि मजाज़ मर गया। पत्थरों पर सिसक सिसक कर, ठंड में ठिठुर ठिठुर कर। ये मजाज़ की मौत थी। फ़नकार की मौत, शायर की मौत। कहानी पूरी हुई। ड्रामा ख़त्म हुआ। पर्दा गिर गया। पर ऐसा क्यों हुआ? ऐसा कैसे हुआ? ये ख़लिश, ये खटक हर हस्सास दिल-ओ-दिमाग़ में बाक़ी रह गई।

हाँ, यह सच है कि चन्दा मामा के किरदार वेताल के शव की तरह और Flying Dutchman की भटकती रूह के मानिंद, ज़ेहन में हज़ार सवाल उठते हैं मजाज़ की मौत के बारे में। एक आकर्षक, लोकप्रिय और प्रतिभाशाली इंसान अपने आपको कैसे इस दर्दनाक अंजाम तक ला सकता है? क्या 5 दिसम्बर, 1955 की वो ठिठुरती हुई सर्द रात महज़ एक हादसा थी? या क्या ऐसा था कि मजाज़ की self destructiveness (अपने हाथों अपनी तबाही), बेचैनी और शराब के पीछे एक लम्बी और गहरी दास्तान थी जिसकी परिणति उनकी असामयिक और त्रासद मृत्यु में हुई। लेकिन ऐसा क्यों हुआ? इसकी वजह क्या थी?

यह है वह सवाल जिस पर मेरी ख़ाला हमीदा सालिम ने अपने लेख को ख़त्म किया है और जो एक पुराने एलिगेरियन और बीबीसी से जुड़े रहे साहित्य प्रेमी पत्रकार परवेज़ आलम ने मुझसे एक मनोविश्लेषक होने के नाते पूछा। लंदन के नेहरू सेंटर में मजाज़ की याद में एक जलसा था। वहाँ परवेज़ साहब ने जब यह मसला उठाया तो जवाब तो मैंने दिया मगर कुछ कमज़ोर

सा, कुछ कच्चा सा। ज़ाहिर है बात आई-गई हो गई लेकिन मेरे ज़ेहन में यह सवाल मुद्दतों गूँज़ता रहा। इस मानसिक ऊहापोह का नतीजा जो निकला है वह आज मैं आपके सामने पेश कर रहा हूँ।

इसके पहले कि मैं अपने विचारों का इज़हार करूँ, चार बाँध इस रचनात्मक नदी में ज़रूर लगा देना चाहता हूँ। सबसे पहले तो यह बात कि मैं मजाज़ का सगा भांजा हूँ (मेरी वालिदा सफ़िया अख़्तर उनकी छोटी बहन थीं) इसलिए ख़ुद को ग़ैरज़रूरी नज़दीकी, भावुकता और ग़ालिब की तरफ़दारी के इल्ज़ाम से बरी होना मुश्किल पाता हूँ। दूसरी बात यह कि जब मजाज़ की मौत हुई, मेरी उम्र साढ़े नौ साल थी। इसका मतलब यह है कि मेरे ज़्यादातर अनुमान सेकंड-हैंड जानकारियों पर आधारित हैं। बतौर मनोविश्लेषक, न तो मैंने मजाज़ का इंटरव्यू किया है और न ही मैंने उनके दुख-सुख के पलों में उनको ध्यान और समझ-बूझ के साथ देखा है। राँची के मेंटल हॉस्पिटल में जो उनकी फ़ाइल थी उसको ख़ुद जाकर ढूँढ़ने की कोशिश की मगर वह नाकाम रह गई क्योंकि उसको एक साहब चुरा ले गए थे और उनका पता न चला। तीसरी अहम बात यह कि मेरे मजाज़ की self destructiveness पर फ़ोकस करने का यह मतलब नहीं है कि मैं उनकी बेइन्तहा नेकी, मासूमियत, रचनात्मक प्रतिभा और ख़ुशमिज़ाजी से इनकार करता हूँ। चौथी और आख़िरी बात यह कि मनोविश्लेषक होने के नाते मैं कुछ ऐसे concepts और कुछ ऐसी भाषा का इस्तेमाल करूँगा कि जिससे उर्दू-हिन्दी के आम पाठक परिचित नहीं हैं और अभिव्यक्ति का यह तरीक़ा उन्हें बोझिल लग सकता है। इसके बारे में कुछ नहीं कर सकता।

ख़ैर ये सब तो कह लिया, अब चलते हैं सचमुच मजाज़ की तरफ़। शुरुआत उनकी इस रुबाई से ज़मीन बनाने की करता हूँ :

ज़िन्दगी साज़ दे रही है मुझे
सहर-ओ-एजाज़ दे रही है मुझे

और बहुत दूर आसमानों से
मौत आवाज़ दे रही है मुझे

यह कहना मुश्किल है कि किस उम्र में मजाज़ ने यह रुबाई लिखी थी मगर यह ध्यान में रखते हुए कि उनकी मौत 44 साल की उम्र में हुई और उससे पहले वह कई मुशायरों में यह रुंबाई पढ़ चुके थे, यह ज़रूर कहा जा सकता है कि इन अश'आर की रचना शायद 35 से 40 की उम्र के दौरान हुई होगी। इस बात के ज़ाहिर होने से फ़ौरन यह सवाल उठता है कोई इंसान क्यों इतनी कम उम्र में अपनी मौत के बारे में सोच रहा है।

अगर एक आलोचक की नर्म दिल नज़र से काम लें तो कह सकते हैं कि भई मौत शायरों के लिए एक आकर्षक विषय है और अगर एक 35-40 साल की उम्र के शायर ने अपनी आने वाली मौत के बारे में कुछ कह ही दिया तो यह कोई बड़ी बात नहीं है। लेकिन फिर इस दूसरी रुबाई का क्या तर्क है? आप ख़ुद ही देखें :

वक़्त की सई-ए-मुसलसल कार गुज़रती गई
ज़िन्दगी लहज़ा ब लहज़ा मुख़्तसर होती गई
साँस के परदे में बजता ही रहा साज़-ए-हयात
मौत के क़दमों की आहट तेज़तर होती गई

क्या इस रुबाई में भी महज़ शायराना रुझान छिपा हुआ है जो अस्तित्व और अस्तित्वहीनता के दार्शनिक सवाल की तरफ़ कलाम को ले जाता है? दिल तो नहीं चाहता मगर इस बात को अगर मान भी लिया जाए तो फिर भी नीचे लिखे अशआर का existential हिसाब किस तरह होगा?

ख़िरमन-ए-दिल जला रहा हूँ मैं
नक़्श-ए-हस्ती मिटा रहा हूँ मैं

और

तुम्हीं तो हो जिसे कहती है नाख़ुदा दुनिया
बचा सको तो बचा लो कि डूबता हूँ मैं

और

सब का तो मदावा कर डाला अपना ही मदावा कर न सके
सब के तो गिरेबाँ सी डाले अपना ही गिरेबाँ भूल गए

और

रोएँ न अभी अहल-ए-नज़र हाल पर मेरे
होना है अभी मुझ को ख़राब और ज़्यादा

मैं और कई मिसालें दे सकता हूँ मगर जिस बात पर मैं ज़ोर देना चाहता हूँ वह इन अशआर में अपनी तबाही, बर्बादी और मौत की तकरार से साबित हो गई है। तो पता यह चलता है कि 'नज़्र-ए-अलीगढ़' के प्रेम और सम्मान से भरपूर, 'नोरा' के हुस्न और जवानी से खेलती हुई और 'रात और रेल' की बच्चों जैसी हैरत से लबरेज़ शायरी के साथ-साथ मजाज़ की शायरी में लगातार एक उदासी की लहर दिखाई देती है जो न सिर्फ़ उनकी अपने आपको सँभाल के रखने की योग्यता की कमी की तरफ़ इशारा करती है बल्कि एक ऐसे चुम्बकीय आकर्षण की तरफ़ भी जो उनके व्यक्तित्व में इस दुनिया को छोड़ देने, मर जाने और मौत के प्रति था। लेकिन इस अभागी कशिश की जड़ें क्या थीं? इस सवाल का जवाब उनकी ज़िन्दगी का परत-दर-परत जायज़ा लेने से होगा।

इस दास्तान की शुरुआत समझने के लिए वापस चलते हैं हमीदा सालिम के मज़मून 'जग्गन भैया' की तरफ़। फ़रमाती हैं :

> मजाज़ अक्टूबर 1911 में मुबारक सलामत की सदाओं के दरमियान पैदा हुए। उनसे बड़ा एक बच्चा ढाई साल की उम्र में ख़त्म हो चुका था, इसलिए ये बहुत लाड़-प्यार और मन्नतों-मुरादों से पाले गए। मुहर्रम की सातवीं को फ़क़ीर

> बनते, दसवीं को पायक बनते, एक कान में बुंदा डाला गया जो सात साल की उम्र में अजमेर शरीफ़ जाके उतारा गया, हर बीमारी पर सदक़े उतरते, ख़ैरातें होतीं।

ऊपर लिखे शब्दों को ध्यान से पढ़ेंगे तो आपके सामने यह राज़ खुलेगा कि मजाज़ एक replacement child थे। यह designation उन बच्चों के लिए नियत है जिनकी माँएँ उनसे तब गर्भवती होती हैं जब वे एक गहरे और बेहद ग़मज़दा loss से गुज़र रही होती हैं और एक तरह से शोक में डूबी हुई होती हैं। तो जब बच्चा पैदा होता है तो माँ उसको निहायत special status देती है और बहुत ज़्यादा प्यार करती है, इतना ज़्यादा कि वो प्यार पूजा-आराधना के नज़दीक होता है। इस ख़ास लाड़-प्यार और नाज़ों का नतीजा यह होता है कि वह बच्चा अपने आपको इक शहज़ादे सा समझने लगता है। उसे ऐसा लगता है कि तमाम दुनिया का फ़र्ज़ बनता है कि वह उसको सहूलियत और आराम दे।

मजाज़ को replacement child के तौर पर पैदा होने के अलावा माँ की special indulgence एक और वजह से मिली। हमीदा सालिम की ज़बान में :

> नौ साल के हुए कि अट्ठारह साल बड़े भाई का दरख़्त से गिरकर इन्तिक़ाल हो गया। फिर क्या था? माँ और और नानी दीवानावार उनको आलम-ए-हवादिस और ख़तरात से बचाने के लिए हर मुमकिन कोशिश में लग गईं। मजाल न थी कि घर से अकेले बाहर क़दम निकालें, हर वक़्त एक नौकर उनके साथ रहता था। उम्र के आख़िरी दिन तक कोई सुबह ऐसी नहीं गुज़री जब माँ ने उनके लिए दो रकात नमाज़ न अदा की हो। अब से छह-सात साल पहले तक दो आने रोज़ाना उनके सिरहाने रख दिए जाते जो सुबह ख़ैरात कर दिए जाते। ग़रज़ ये कि उनकी हर साँस के साथ माँ की दुआएँ वाबस्ता थीं और हर क़दम के साथ आरज़ुएँ और तमन्नाएँ।

इस over protectiveness ने एक दोधारी तलवार का काम किया। एक तरफ़ तो इस बेपनाह 'मुहब्बत' ने मजाज़ को एक नवाबी फ़ख़्र-ओ-नाज़ बख़्शा, दूसरी तरफ़ हर वक़्त के बचाव ने उन्हें सच्चे आत्मविश्वास से (कि मैं ज़िन्दगी की सख़्तियों को झेल सकता हूँ) वंचित कर दिया। वे बाहर से मज़बूत और अन्दर से कमज़ोर बन गए। विडंबना यह है कि माँ की बेइन्तिहा मुहब्बत ने उन्हें ये पैग़ाम दिया कि दुनिया ज़ालिम है और तुम ख़तरों से घिरे हुए हो, नाज़ुक हो।

अब इस बुनियाद पर रखिए replacement child का मनोविज्ञान जिसके अपने दो परस्पर विरोधी असर होते हैं। एक तरफ़ तो वह बच्चा जो किसी मृत बच्चे (या माँ के किसी और चहेते रिश्तेदार) का स्थान लेता है, माँ का महबूब बन जाता है। ऐसा लगता है वह एक ऐसा क़ाबिल हकीम है जो अपनी माँ के ज़ख़्म भर देगा, उसके वजूद भर से माँ का उजड़ा हुआ बेनूर दिमाग़ फिर से जी उठेगा, वह अपने आप में एक सौग़ात है। लेकिन इसके विपरीत भी एक सच है। माँ क्यों न हज़ार चाहे मगर वह उसमें वह मरा हुआ शख़्स नहीं पा सकती। यह नया बच्चा तो वह मरा हुआ बच्चा नहीं है जिसे माँ दिल-ओ-जान से मिस कर रही है। यह तो एक सांत्वना पुरस्कार है, एक झूठी तसल्ली, एक खोखला आश्वासन है। इन बातों की वजह से वही बच्चा जो निहायत ख़ास भी है, बेकार भी समझा जाता है। माँ का दिल बहलाता भी है और नहीं भी।

इन परस्पर विरोधी प्रभावों की वजह से एक replacement child की बुनियादी शख़्सियत दो हिस्सों में बँट जाती है। मज़बूत और कमज़ोर, ख़ास से बढ़कर और आम से कम, शाहज़ादा और फ़क़ीर, ज़िन्दगी की दिलनवाज़ धड़कनों से भरपूर और मौत की ज़ंजीर से बँधा हुआ। अगर इसी तरह का बच्चा ज़हीन और हुनरमंद हो (जो कि मजाज़ बेशक थे) तो ख़ूबसूरती, हुनर और आकर्षण, शख़्सियत का ड्राइंग रूम बनाते हैं। लेकिन मोटे परदों के पीछे कमज़ोर, बेकार और मौत से आगाह हिस्सा मँडराता रहता है। इंसान दो ख़ानों में बँटकर रह जाता है :

मजाज़ टूटे हुए दिल की एक सदा हूँ मैं

यह चोट अपने इलाज के लिए एक माँ चाहती है। लेकिन जैसे-जैसे उसकी उम्र बढ़ती है, माँ की तलाश मुश्किल से नामुमकिन में तब्दील हो जाती है। एक महबूबा, एक दोस्त, एक बीवी ममता तो दे सकती है मगर सचमुच की माँ नहीं बन सकती। और यह जो ममता मिलने और माँ न मिलने का अन्तर है वह भर नहीं पाता। ख़ासतौर पर उस बालिग़ इंसान के लिए जिसको बचपन में माँ से बेहद प्यार भी मिला।

ऐसे शख़्स के लिए एक और मुश्किल आ खड़ी होती है। माँ से शादी करने की जो ख़्वाहिश आमतौर पर बच्चों में चार-पाँच साल की उम्र में पैदा होती है और छह-सात साल की उम्र तक ग़ायब हो जाती है, वह ख़्वाहिश over indulged बच्चे में (जिसे बहुत लाड़-प्यार से पाला गया हो) घटने के बजाय बढ़ती है। और इसका एक नतीजा रहता है कि वयस्क जीवन में (जब सेक्स ज़हन-ओ-जिस्म में पूरी तरह दाख़िल हो चुका होता है) इंसान subconscious level (अवचेतन के स्तर) पर unconscious guilt (अनजाने अपराध-बोध) का शिकार हो जाता है। एक तरफ़ माँ को अपनाने की तमन्ना और दूसरी तरफ़ अपराध बोध की वजह से ख़ुद को सज़ा देने की ज़रूरत। ऐसे में इंसान ऐसा महबूब न ढूँढ़े तो और क्या करे जिसे पाना नामुमकिन हो। देखिए मजाज़ की बहन क्या कहती हैं इस क़दम के बारे में :

> उन्होंने मुहब्बत ऐसी गहरी, ऐसी पायदार की कि आख़िरी लम्हे तक उनके नाम के साथ रही। लेकिन क़िस्मत देखो, हाथ भी बढ़ाया तो शजर-ए-ममनूआ की तरफ़। दिल्ली के चोटी के ख़ानदान की इकलौती बेटी, चंचल, अलबेली और ख़ूबसूरत, लाड़-प्यार में पली, ऐश-ओ-इशरत की आदी, एक अदद भारी-भरकम शौहर की मिल्कियत या मालिक जो भी समझिए। ये बेल मुँडेर चढ़ती तो क्योंकर?

जिसे हमीदा सालिम क़िस्मत कहती हैं, मैं उसको psychic determinism कहूँगा। इस term का मतलब है कि ज़्यादातर हमारे सोचने, समझने, महसूस करने और व्यवहार का तरीक़ा हमारे मनोविज्ञान पर निर्भर है। संयोग और हादसे होते हैं मगर कम ही। आमतौर पर संयोग और दुर्घटनाओं की पृष्ठभूमि में कोई न कोई गहरा psychological motive काम करता है। यह बात ध्यान में रखें तो कहूँ कि मजाज़ के बचपन ने ही उन्हें तैयार कर दिया था कि वे बक़ौल साहिर लुधियानवी इश्क़ ऐसा करें 'जिसे तकमील (परिणति) तक लाना ना हो मुमकिन'।

और आप ख़ुद ही सोचिए कौन थी वो 'शजर-ए-ममनुआ' (forbidden tree) जिसे मजाज़ पाने की ललक में तड़पते रहे और अपनी इस बेबाक जुर्रत को ख़ुद सज़ा भी देते रहे। क्या एक शादीशुदा औरत जो आर्थिक और सामाजिक सतह पर आपसे बढ़कर है, childhood oedipal phase की माँ नहीं है? यह सवाल उस औरत के शौहर की तरफ ध्यान खींचता है और प्रतीकात्मक स्तर पर अपने वालिद की तरफ़ भी। हमीदा सालिम अपने मज़मून में मजाज़ के वालिद चौधरी सिराज उल हक़ को यूँ बयान करती हैं कि :

> कि वो थे बहुत संजीदा, बुर्दबार, कम सुख़न, मेहनती, मरंजो मरंजाँ क़िस्म के इंसान। तसव्वुफ़ परस्ती का रंग तबीयत पर ग़ालिब।

मुझे ख़ुद याद है कि मेरे नाना एक ख़ामोश तबीयत के शरीफ़ और मज़हबी इंसान थे। मेरे मामू मजाज़ उनकी बहुत इज्ज़त करते थे। फिर इस्तेमाल करूँगा अपनी ख़ाला हमीदा सालिम के अल्फ़ाज़ :

> दीवानगी के दौर भी गुज़रे लेकिन अब्बा के सामने कभी उन्होंने सिगरेट नहीं पी। यहाँ तक कि उनके सामने अपना कलाम तक नहीं सुनाते थे।

ये अन्दाज़ मजाज़ को अपनी रिवायतों से विरासत के तौर पर मिले थे

लेकिन इस ख़ूबसूरत और सभ्य व्यवहार के पीछे मजाज़ अपने वालिद का मज़ाक़ भी उड़ाते थे। सुबूत के तौर पर हाज़िर है मजाज़ का वह जवाब जो उन्होंने एक इंटरव्यूअर को दिया जिसने पूछा कि "मजाज़ साहब आपकी शराबनोशी और बेरुख़ी पर आपके वालिदैन नाराज़ नहीं होते?" मजाज़ ने जवाब में कहा, "लोगों की औलाद सआदतमंद होती है मेरे वालिदैन सआदतमंद हैं।"

लेकिन इस पर हैरत करने की क्या बात है। आख़िरकार वह बच्चा जिसे माँ से असीमित प्यार मिले वह अक्सर बाप की इज़्ज़त करना भूल जाता है। ऐसी माँ oedipal victory का बीज बच्चे के ज़ेहन में बो देती है। बच्चा बड़ा होता है, मर्द बन जाता है और उसको भ्रम रहता है कि वह एक भारी-भरकम शौहर की बीवी को रिझा सकता है। लेकिन याद रहे कि मशहूर फ्रांसीसी मनोवैज्ञानिक Janine Chasseguet-Smirgel ने साफ़ कहा है कि "A seduced child is a betrayed child।" माँ अपने मियाँ यानी बच्चे के वालिद को नहीं छोड़ती। बच्चा बड़ा हो जाए, ज़हीन निकले, दुनिया भर में शोहरत हासिल करे तो भी माँ उससे शादी नहीं करती। मजाज़ ने जिस 'शजर-ए-ममनूआ' से इश्क़ किया वह महिला अपने भारी-भरकम शौहर की मिल्कियत रहीं, न मियाँ को छोड़ा, ना मजाज़ से शादी की। तो क्या हैरत कि वो यह शेर कहें :

यास का धुआँ उठा हर नवा-ए-ख़स्ता से
आह की सदा निकली बरबत-ए-शिकस्ता से

इश्क़ में नामुराद, ज़िन्दगी में नाकाम वह मजाज़ जिसके हुस्न-ओ-अन्दाज़ पर कभी अलीगढ़ की लड़कियाँ मरती थीं, वही मजाज़ अब अपनी सौम्यता भी खो बैठा और सन्तुलन भी। वह विभाजित व्यक्तित्व, जो बाहर से चुम्बकीय आकर्षण और हास्य-विनोद से भरपूर व्यक्तित्व का मालिक था और दूसरी तरफ़ अन्दर से कम बोलनेवाला और कमज़ोर इंसान था, ख़ानों में बँटे इस मानसिक विभाजन को बरक़रार न रख पाया। अन्दरूनी उदासी और

नाकामी अब संयम की हदों को पार कर गई। हमीदा सालिम के अल्फ़ाज़ में :

> उनके चेहरे की तबानी पर धीरे-धीरे बेबसी का पर्दा गहराता गया, आँखों की दमक की जगह अथाह गहराई ने ले ली जिसमें उम्मीदें, आरज़ूएँ दफ़्न हों और यास-ओ-महरूमी झाँक रही हो, किस ग़ज़ब की गहराई थी उन आँखों में और क्या पोशीदा था उनमें ऐसा लगता था कि उनका दिल बुझ गया हो उनमें उभरने की ख़्वाहिश बाक़ी ना रही हो।

मजाज़ Humpty Dumpty की तरह टूट गए। मुमकिन है कि इसमें genetic predisposition का भी कुछ हाथ हो सकता है क्योंकि उनके बुज़ुर्गों में शायद एक-दो लोग manic depressive illness (जिसे आजकल की ज़बान में bipolar disorder कहते हैं) के शिकार थे। फिर दिल का टूटना और ज़ेहनी बीमारी की विरासत में शामिल था तीसरा तत्त्व, और वह था बेहद शराब पीने का। जज़्बाती कशमकश को हर वक़्त की बेख़ुदी में तब्दील करने के लिए शराब पीते और नशे की हालत में की हुई बुरी हरकतों से शर्मिंदगी और अफ़सोस की काली दौलत पाते। हल्के-हल्के दवा ज़हर बनती गई और आख़िरकार एक दिन मजाज़ पत्थरों पर सिसक-सिसककर और ठंड में ठिठुर-ठिठुरकर शराब पीते हुए मौत के अँधेरे समंदर में डूब गए।

लेकिन अब हम जानते हैं कि इस ट्रेजेडी का आग़ाज़ उनकी पैदाइश के साथ ही हुआ था। मौत के साये में पैदा हुए, मरे हुए भाई से क़र्ज़ ली हुई ज़िन्दगी पर जुर्म का एहसास, दूसरे भाई की मौत पर remorse, माँ की over protectiveness से यह अन्देशा कि मैं कमज़ोर हूँ और अपनी हिफ़ाज़त ख़ुद नहीं कर सकता, इन सब वजहों ने उनके अन्दर एक जुनून और उदासी की हालत पैदा कर दी थी। और फिर एक seductive माँ और कम बोलने वाले और नर्म तबीयत के बाप ने वह ड्रामा लिखा जिसने मजाज़ जैसी औलाद को एक न पा सकने वाली शादीशुदा 'शजर-ए-ममनूआ' से इश्क़ पर मजबूर कर दिया। सोचने बैठता हूँ तो मजाज़ का यह शे'र ध्यान में आता है :

कुछ तुम्हारी निगाह काफ़िर थी
कुछ मुझे भी ख़राब होना था

अपने आप से पूछता हूँ क्या यह शे'र महज़ एक महबूबा की उपेक्षा और अभिमान का, मुहब्बत की दुनिया को वीरान कर देने वाले आशिक़ के रिश्ते का प्रतीक है या इस शे'र में एक छोटे से बच्चे की unconscious awareness भी शामिल है कि उसकी अपनी माँ उसके अन्दर अपने हाल में मरे हुए बच्चे को तलाश कर रही है। और ऐसी माँ को ख़ुश करने का सबसे अच्छा तरीक़ा है कि मैं भी मर जाऊँ, उस मरे हुए बच्चे की तरह हो जाऊँ। पता नहीं सच क्या हैं लेकिन शायद मेरे ये तमाम अनुमान मजाज़ की मौत के राज़ कुछ खोल सकें। शायद। वैसे भी जो कुछ मैंने यहाँ कहा है वह सब निदा फ़ाज़ली के इस शेर में निहित है।

जब तक जिए बिखरते रहे टूटते रहे
हम साँस साँस क़र्ज़ की सूरत अदा हुए।

मेरे वालिद

जाँ निसार अख़्तर

(1914-1976)

अपनी तो क़ब्र पर तय है कि ये कतबा होगा
"इक न इक दिल में तो ये आदमी ज़िन्दा होगा"

—सलमान अख़्तर

साहित्यिक रचनाएँ

लम्बी नज़्म की पुस्तिका

- सितारों की सदा (1951)

शायरी के संग्रह

- सलासिल (1943) 1964 में 'तार-ए-गिरेबां' के शीर्षक से दोबारा प्रकाशित।
- जावेदां (1953)
- नज़्र-ए-बुतां (1962)
- घर आँगन (1971)
- पिछला पहर (1974)

कलाम का चयन

- ख़ाक-ए-दिल (1973)

पत्र (ख़दीजा अख़्तर के नाम)

- ख़ामोश आवाज़ (1978)

साहित्य चर्चा

- हज़ार बातें (1980)

विस्तृत भूमिका सहित सम्पादित पुस्तकें

- हिन्दोस्ताँ हमारा—दो खंड (1973)
- उर्दू ग़ज़ल का सफ़रनामा (जो 1977 में 'फ़न-ओ-शख़्सियत' के विशेषांक की शक्ल में प्रकाशित हुआ)

जाँ निसार अख़्तर, मैं और छह आदमी

अपने वालिद मशहूर शायर जाँ निसार अख़्तर पर यह लेख लिखने बैठा और इधर-उधर नज़र डाली तो पता चला कि कमरे में छह आदमी मौजूद हैं। तीन जाँ निसार अख़्तर—एक इज़्ज़तदार और जाने-माने शायर, एक रंग-बिरंगी हिन्दुस्तानी शख़्सियत और एक आधे-अधूरे बाप। और तीन मैं—एक उर्दू साहित्य का पाठक, एक अमरीकी मनोवैज्ञानिक और एक मोहब्बत करने वाला बेटा। इतनी भीड़ में रचनात्मक काम करना एक कड़ा मसला ठहरा।

एक पल को ख़याल तो आया कि भूल जाऊँ, कुछ न लिखूँ। लेकिन फिर दिल को समझाया, कहा कि यह जो अख़्तर साहब के बारे में एक लम्बे इन्तज़ार के बाद फिर से चर्चा हो रही है उसमें अपनी आवाज़ शामिल करना न सिर्फ़ मेरे लिए ख़ुशी की बात होगी बल्कि इस बहाने मैं एक नेक और नैतिक ज़िम्मेदारी को भी निभा सकूँगा। यह बात और भी अहम हो जाती है अगर हम यह ध्यान में रखें कि अख़्तर साहब को ख़ुद अपना विज्ञापन करने की चालाकियाँ और दाँव-पेच नहीं आते थे। वे वीडियो और इंटरनेट से पहले

की चीज़ थे और अपने समकालीन शायरों की आज्ञाकारी औलाद के मुक़ाबले में उनके नज़दीक ऐसे रिश्तेदार नहीं थे जो उनके नाम को ज़िन्दा रख सकें और उनके कलाम को नई पीढ़ी तक पहुँचा सकें। इस सियाह जुर्म में हमारे ख़ानदान के किन-किन लोगों का नाम आता है यह तो मैं नहीं कहूँगा, हाँ, ख़ुद अपने आप को भी बेगुनाह नहीं पाता हूँ। जानता हूँ :

जो चुप रहेगी ज़बान-ए-ख़ंजर लहू पुकारेगा आस्तीं का

ख़ैर यह तो हुआ जुर्म का इक़बाल। अब आया है भरपाई का वक़्त, सो लेख लिखने का फ़ैसला किया और इस फ़ैसले के बाद जिन 6 आदमियों का ज़िक्र मैंने शुरू में किया था उनमें से चार को समझा-बुझाकर कमरे से निकाला, सिर्फ़ शायर और पाठक को रहने दिया। तब जाकर थोड़ा ज़ेहनी आराम हुआ और लिखाई शुरू की, इस भरोसे से कि शायद हाली कहलाऊँ और ग़ालिब की तरफ़दारी का इल्ज़ाम न लगे। आख़िरकार अल्ताफ़ हुसैन को कमरे के बाहर बन्द कर दिया और असदुल्लाह ख़ान के बारे में कुछ न कहने की क़सम खाई। चलिए इस लम्बी भूमिका के बाद मैं पेश करता हूँ अख़्तर साहब की शायरी के बारे में अपने चार ख़याल।

कलाम के विविध रंग

20 वीं सदी के उर्दू शायरों में असग़र गोंडवी, नूह नारवी, जिगर मुरादाबादी, आनन्द नारायण मुल्ला, नशूर वाहिदी, फ़ना कानपुरी, शकील बदायूँनी, क़तील शिफ़ाई और बशीर बद्र सिर्फ़ ग़ज़ल के शायर रहे हैं। पाकिस्तान में नून मीम राशिद और हिन्दुस्तान में अख़्तर उल ईमान सिर्फ़ नज़्में लिखते रहे और ग़ज़ल कभी नहीं कही। बाक़ी और शायर इन दो ध्रुवों के बीच हैं, कोई उस तरफ़ ज़्यादा, कोई इस तरफ़ ज़्यादा। मजाज़, अली सरदार जाफ़री और कैफ़ी आज़मी ने ज़्यादातर नज़्में कही हैं। अगर इन तीनों शायरों

की ग़ज़लों की तादाद जोड़ ली जाए तो 30 से ज़्यादा न होंगी। मजाज़ की ग़ज़लों के अश'आर तो कॉलेज की बैतबाज़ी में अक्सर सुनाई पड़ते हैं, ख़ासतौर पर यह :

बताने वाले वहीं पर बताते हैं मंज़िल
हज़ार बार जहाँ से गुज़र चुका हूँ मैं

या फिर यह कि :

कुछ तुम्हारी निगाह काफ़िर थी
कुछ मुझे भी ख़राब होना था

मगर सरदार जाफ़री और कैफ़ी आज़मी का एक शे'र भी किसी श्रोता की चौखट तक नहीं पहुँचता। इन तीनों शायरों के विपरीत फ़िराक़, फ़ैज़, जाँ निसार अख़्तर, अहमद फ़राज़ और निदा फ़ाज़ली वे शायर हैं जिन्होंने नज़्में भी खुलकर कही हैं और ग़ज़लें भी ढेर सी। मगर अख़्तर साहब इन पाँचों में एक विशिष्ट स्थान रखते हैं। उनके कलाम का ख़ज़ाना सबसे ज़्यादा है और उनके साहित्यिक लेखन का कैनवस सबसे बड़ा है। उन्होंने नज़्में कही हैं जिनमें तरह-तरह के शिल्प का इस्तेमाल किया गया है। एक-एक पन्ने की नज़्में जैसे 'तजज़िया और तआक़ुब', तीन-चार से लेकर आठ-दस पन्नों की नज़्में जैसे 'ख़ाक-ए-दिल', 'ख़ामोश आवाज़', 'अम्ननामा', 'फ़रेब-ए-बहार', 'एक ज़ख़्म-ए-तमन्ना और सही' और 'आख़िरी लम्हा'। और फिर सही मायनों में लम्बी नज़्में भी लिखीं जो कि बीस, तीस बल्कि चालीस पन्नों की हैं जैसे 'दाना-ए-राज़' और 'सितारों की सदा'। यह आख़िरी नज़्म अलग पुस्तिका की शक्ल में 1950 में छप चुकी है।

नज़्म के सिलसिले में लम्बाई के अलावा शैली के विविध नमूने और तजुर्बे भी अख़्तर साहब के यहाँ अपने तमाम समकालीन शो'अरा से ज़्यादा मिलते हैं। मुसल्लस बंद नज़्में (इक ज़ख़्म-ए-तमन्ना और सही), मुख़म्मस बंद नज़्में (फ़रेब-ए-बहार), मुसलसल छोटी बहर की नज़्में (अम्ननामा), टीप

के मिसरे से एक-एक शेर को अलग बंद करने वाली नज़्में (भूला अफ़साना) और क़दम-क़दम पर बहर बदलती हुई नज़्में (आख़िरी लम्हा)। ये सब हमें सिर्फ़ अख़्तर साहब के कलाम में मिलती हैं और सच तो यह है कि बात सिर्फ़ नज़्म के आँगन तक सीमित नहीं है। अख़्तर साहब ने बेशुमार ग़ज़लें कही हैं। उनके कलाम का आख़िरी संग्रह 'पिछले पहर' तो सिर्फ़ ग़ज़लों का ही है मगर उनकी पुरानी किताबों 'सिलासिल' (जो बजाय 'सुंबुल-ओ-सिलासिल' के सिर्फ़ 'सिलासिल' के नाम से प्रकाशक की ग़लती से 1940 में छपी थी और फिर स्टार पॉकेट बुक्स के अमरनाथ वर्मा साहब से 1964 में जिसे 'तार-ए-गिरेबां' के नाम से छापा) 'जावेदां' और 'नज़्र-ए-बुतां' में भी बहुत सी ग़ज़लें शामिल हैं।

नज़्म और ग़ज़ल के अलावा अख़्तर साहब ने फ़िल्मी गीत भी लिखे हैं। गीतों की संरचना अलग ही है। अख़्तर साहब को शायरी का यह वैविध्य विरासत में मिला था। उनके वालिद इफ़्तिख़ार हुसैन मुज़्तर ख़ैराबादी (जिनका कलाम मेरे बेहद कुशल और सम्मानित बड़े भाई जावेद अख़्तर ने हाल ही में बड़े सुविचारित ढंग से संकलित किया है) ख़ुद एक महान शायर थे जिन्हें शायरी की तमाम क़िस्मों पर महारत हासिल थी जिनमें गीत भी शामिल हैं। अख़्तर साहब ने इस ख़ानदानी रिवायत को ज़िन्दा रखते हुए कुल 151 फ़िल्मी गीत लिखे और नौशाद, ओपी नैयर, ख़य्याम, जयदेव, सी रामचन्द्र जैसे मशहूर संगीतकारों के साथ काम किया। गिनवाने बैठूँ तो किताब लिखनी पड़ेगी। यहाँ सिर्फ़ उनके छह-सात गानों की याद दिलाता चलूँ :

- बेचैन नज़र बेताब जिगर ये दिल है किसी का दीवाना (फ़िल्म 'यासमीन')
- आँखों ही आँखों में इशारा हो गया (फ़िल्म 'सीआईडी')
- ग़रीब जान के हमको न तुम भुला देना (फ़िल्म 'छू-मंतर')
- बेकसी हद से जब गुज़र जाए (फ़िल्म 'कल्पना')
- मैं तुम्हीं से पूछती हूँ मुझे तुमसे प्यार क्यों है (फ़िल्म 'ब्लैक कैट')
- ग़म की अँधेरी रात में दिल को न बेक़रार कर (फ़िल्म 'सुशीला')

- ये दिल और उनकी निगाहों के साये (फ़िल्म 'प्रेम पर्वत')
- ए दिल-ए-नादां आरज़ू क्या है (फ़िल्म 'रज़िया सुल्तान')

तक़रीबन 70 साल पहले लिखा 'आँखों ही आँखों में इशारा हो गया' वाला गाना यक़ीन से कह सकता हूँ कि आज से 30 साल बाद भी गाया जाएगा। 100 साल तक किसी फ़िल्मी गीत का लोकप्रिय रहना माफ़ कीजिएगा, कोई मामूली बात नहीं है।

नज़्म, ग़ज़ल और फ़िल्मी गीतों के अलावा अख़्तर साहब ने 'क़िते' और 'रुबाइयात' भी कहे। उनकी किताब 'घर आँगन' में सौ क़िते और रुबाइयाँ शामिल हैं और ये सभी शादीशुदा ज़िन्दगी का रूप-रंग बयान करते हैं। इनमें से पचास क़िते या रुबाइयाँ शौहर की ज़बान में हैं और पचास बीवी की। इस बात पर आगे चलकर और कुछ कहूँगा फ़िलहाल यहाँ बात ख़त्म करता हूँ कि अपने तमाम समकालीन शोअ'रा में अख़्तर साहब ने सबसे ज़्यादा क़िस्मों और विधाओं में शायरी की है। आँखों को चकाचौंध कर देने वाले और तरह-तरह के रंगों के इस palette से उनकी शोहरत और लोकप्रियता को फ़ायदा भी पहुँचा और नुक़सान भी। राही मासूम रज़ा ने 'फ़न और शख़्सियत' के जाँ निसार अख़्तर विशेषांक में इस दूसरे पहलू पर रौशनी डाली है। लेकिन यह अलग बात है, इसको छोड़िए। अब चलते हैं अख़्तर साहब की शायरी की एक दूसरी विशेषता की तरफ़।

भाषा-शिल्प का सामर्थ्य

यूँ तो अख़्तर साहब की शायरी में भाषा-शिल्प का सामर्थ्य उनके कलाम की विविधता ही से स्थापित हो जाना चाहिए था लेकिन कुछ और दलीलें पेश करता हूँ। पहली यह कि अपनी शायरी के अलग-अलग पड़ावों से गुज़रते हुए उनकी भाषा में लगातार बदलाव आते रहे और वे अपनी बुनियादी गीतात्मक प्रवृत्ति को नये-नये प्रयोगों में ढालते रहे। लगे-बँधे रूपकों में अख़्तर साहब

क़ैद नहीं रहे। उम्र के आख़िरी दौर में वे आधुनिक शायरी के आन्दोलन में घुल-मिल गए और बेसाख़्ता बोले कि :

फ़िक्र-ओ-फ़न की सजी है नई अंजुमन
हम भी बैठे हैं कुछ नौजवानों के बीच

इसमें उन्होंने अभिव्यक्ति का एक बिलकुल नया ढंग अपनाया। उनके समकालीन साहित्यकार और गहरे दोस्त ज़ो अंसारी ने अभिव्यक्ति के इस परिवर्तन को संक्षेप में यूँ बयान किया है :

> नज़र, गेसू, ख़ुशबू, नग़मा, साया, शाख़-ए-चमन, बू-ए-गुल, गोद, हार, सिंघार, लोच, लचक, लौ, ख़ामोश, तरन्नुम, मय, मीना, छागल, पाज़ेब, सितार, बिसात, हसीन, जवानी, आग, राग, सुहाग, रक़्स, साज़, मस्ती, बेख़ुदी लताफ़त, बेख़्वाब और इस क़बील का ग़िनाई सर-ओ-सामान तो पहले से मौजूद था। अब इस महफ़िल में गलियों और बाज़ारों के रिसालों और अख़बारों के वो रोज़मर्रा भी आ बैठे जिन्हें ग़ज़ल की शाइस्ता महफ़िल से बाहर रखा जाता था। मसलन खिल जाना, खुलना, आने, पैसे, नॉवेल, रूमान, दुपट्टा, धान, बरखा, फुटपाथ, साड़ी की दुकान, घर के रौशनदान, पीतल के गुलदान, मधुर राग, औक़ात, बर्बाद, जाड़े की धूप, ज़ेहन किताबों में धँस गया, अख़बार का दफ़्तर, ये सदी बैठ के सोचना, मस्लेहत के मनाफ़ी, चेहरे पढ़ना, अलग से सोचना, हक़ाइक़ की चट्टानें, जिस्म की शम्में, पेड़ों के दरमियान, प्यार से डरना, बेचेहरा लोग, रेग की कथा, इतिहास, राम का बनवास, बदन की तहज़ीब, आदमी का वजूद बिखर जाना, भीख पर गुज़ारा, पहचानता हुआ गाँव, ज़िन्दगी का बद्दुआ सा लगना, अफ़वाह उड़ा दी जाए, जाड़े की गुलाबी रातें,

सीनों की बर्फ़ पिघलना, दर्द चमक उठना, तारीक मकान,
बीच रास्ते में लाश, छालों की तरह चन्द सिक्के, शिवालों
की तरह सीने, सनम, संग, बदन।

ज़ो अंसारी का कहना है कि यह शब्दावली और युक्तियाँ शायर और शे'र के दरमियान आत्मीयता के रिश्ते की उत्तरदायी हैं और साफ़ ज़ाहिर करती हैं कि अख़्तर साहब न अपने रचनात्मक दायित्व से उकताए और न ही प्रयोगों की ज़रूरत से विमुख हुए।

चलिए, भाषा में लगातार बदलाव तो एक उदाहरण है अख़्तर साहब के कलाम के शब्द-शिल्प सामर्थ्य का। दूसरी ख़ूबी यह थी कि वे किसी भी विषय, किसी भी भावनात्मक स्थिति पर और किसी भी गढ़त के अश'आर निहायत तेज़ी से लिख सकते थे। मिसाल के तौर पर एक बार एक फ़िल्मी गाने की सिचुएशन यह थी कि एक मंदिर के महंत को अपनी बेटी की शादी करनी है मगर बेचारा ग़रीब है और सोच नहीं पा रहा कि जो इंतज़ाम करने हैं उनके लिए पैसे कहाँ से लाए। अचानक उसके दिल में ख़याल आता है कि वह मंदिर में रखी हुई सोने की मूर्ति को चुरा ले और उसे बेचकर अपनी बेटी की शादी करे। उसकी आत्मा एक तरफ़ तो उसका तिरस्कार करती है और दूसरी तरफ़ बाप की मजबूरी को हमदर्द निगाह से देखती है। इसी सिचुएशन पर अख़्तर साहब को गाना लिखना था। संगीत की सेटिंग चल रही थी कि प्रोड्यूसर ने कहा कि "अख़्तर साहब अगर गाना शुरू होने से पहले कोई पुराना हिन्दी का दोहा या संस्कृत का श्लोक हो जो महंत की ज़ेहनी उलझन को सुलझाने में मददगार हो तो उसे बैकग्राउंड में पढ़वा देते हैं, यह सीन बेहद इंप्रेसिव हो जाएगा। आप तो पढ़े-लिखे आदमी हैं, ज़रा ढूँढ़िएगा कोई ऐसा श्लोक या दोहा हमारी पुरानी किताबों में।" अख़्तर साहब ने यह सुनकर सिगरेट का एक कश लगाया, कोई एक-दो मिनट ख़ामोश रहे और फिर बोले कि "यह क्यों न रख लें" :

स्वार्थ के कारण जाये अकारत पूजा भक्ति जाप
पाप में अपना स्वार्थ न हो तो पाप नहीं है पाप

प्रोड्यूसर, संगीतकार और फ़िल्म से जुड़े जो लोग वहाँ मौजूद थे बहुत प्रभावित हुए। प्रोड्यूसर बोला, "कमाल की याददाश्त है अख़्तर साहब आपकी, इतना मुनासिब दोहा फ़ौरन याद आ गया आपको।" अख़्तर साहब ने मुस्कुराकर जवाब दिया, "याद नहीं आया, अभी कहा है।"

अब इससे ज़्यादा मज़े का क़िस्सा सुनिए। एक बार अख़्तर साहब नई दिल्ली की एक प्राइवेट महफ़िल में देर से दाख़िल हुए। उन्हें मालूम नहीं था कि घर के मालिक ने मशहूर गायिका बेगम अख़्तर को आमंत्रित कर रखा है। अख़्तर साहब ख़ामोशी से कोने में बैठ गए। बेगम अख़्तर ने ग़ज़ल ख़त्म करते ही कुछ देर के लिए मोहलत माँगी और चुपके से अतिथि से कहा कि "भई मैंने जाँ निसार अख़्तर की कोई ग़ज़ल नहीं गाई है, अब ये महफ़िल में मौजूद हैं तो बुरा लगेगा कि तमाम शाम दूसरे शो'अरा का कलाम सुनाती रहूँ और उनकी एक भी ग़ज़ल नहीं, सो अगर आपके पास अख़्तर साहब की कोई किताब हो तो उसे निकालकर ऊपर अपने कमरे में रख दीजिए मैं जल्दी से पढ़कर तीन-चार अश'आर याद कर लूँगी और फ़ौरन धुन बनाकर गा भी दूँगी, इससे अख़्तर साहब की इज़्ज़त अफ़ज़ाई भी हो जाएगी और मैं भी शर्मिंदगी से बचूँगी।" बेगम अख़्तर को मालूम न था कि अतिथि की अख़्तर साहब से ख़ास नज़दीकी थी। सो हुआ क्या कि जब उन्होंने अख़्तर साहब को यह पैग़ाम पहुँचाया तो अख़्तर साहब ने कहा कि "अगर बेगम अख़्तर को अपने फ़न पर इतना भरोसा है कि वह चन्द मिनट में शेर याद करके और धुन बनाकर महफ़िल में ग़ज़ल गा सकती हैं तो मेरा फ़र्ज़ यह बनता है कि मैं अभी फ़ौरन एक नई ग़ज़ल लिखकर उन्हें दूँ।" यह कहने के पाँच-छह मिनट के अन्दर अख़्तर साहब ने एक नई ग़ज़ल कही जो बेगम अख़्तर ने उस महफ़िल में गाकर सुनाई। यह ग़ज़ल वह थी जिसका मतला है :

सुबह के दर्द को रातों की जलन को भूलें
किसके घर जाएँ कि उस वादाशिकन को भूलें

कहिए अब इससे बढ़कर क्या दूँ उनके कलाम के शब्द-शिल्प सामर्थ्य का सुबूत।

मनोवैज्ञानिक समझ-बूझ

यूँ तो शायरी इंसानी जज़्बात, मानसिक अन्तर्द्वंद्व और दिल की दबी हुई इच्छाओं का ही एक सुरीला ज़रिया है लेकिन कुछ दौर ऐसे भी आते हैं जब शायरी सामाजिक मसलों की तरफ़ ध्यान दिलाती है और कुछ शायर स्वाभाविक रूप से ऐसे होते हैं जिनका उपदेश देने का रुझान शायरी के भवन को तर्कों के फ़र्नीचर से भर देता है। इन दोनों बातों का नतीजा यह होता है कि शायरी एक राजनीतिक भाषण या क़ानूनी बहस में बदल जाती है। अख़्तर साहब के प्रोग्रेसिव राइटर्स एसोसिएशन के दौर में कहीं-कहीं पहली कमज़ोरी तो ज़रूर नज़र आती है। 'स्टालिन हमें मंज़िल पे बुलाता है चलो' जैसे मिसरे उनकी शायरी पर लगे इस धब्बे को साफ़ दिखाते हैं।

लेकिन अख़्तर साहब का बुनियादी मिज़ाज ग़िनाई (गीतात्मक) और भावुक है। इस वजह से उनकी शायरी के कंधे कभी तर्क के बोझ से झुके हुए नहीं मालूम होते बल्कि इसमें ख़ास confessional mode (जुर्म को क़बूल करने का तरीक़ा) नज़र आता है जो कि आत्मदया पर आधारित नहीं है। इसका आधार एक गहरी मनोवैज्ञानिक सूझ-बूझ है। नज़्म के व्यापक फैलाव में यह ख़ूबी समो देना आसान है लेकिन ग़ज़ल के सीमित आँगन में भीतरी उलझनों की बारीकियों का ज़िक्र फ़िराक़ के बाद सिर्फ़ अख़्तर साहब का हिस्सा है। इससे पहले कि मिसालें दूँ यह ज़रूर कहना चाहूँगा कि अख़्तर साहब की मनोवैज्ञानिक सूझ-बूझ न सिर्फ़ उनके आख़िरी दौर की आधुनिक ग़ज़लों में झलकती है बल्कि उनके आरम्भिक दौर के कलाम में भी मौजूद है :

कभी लताफ़त-ए-एहसास ने सताया है
ख़ुद अपने दिल की नज़ाकत भी बार गुज़री है
कभी-कभी मेरा इदराक यूँ भी जागा है
कि मुझ पे ख़ुद मेरी फ़ितरत भी बार गुज़री है

या फिर यह :

कल यही ख़्वाब हक़ीक़त में बदल जाएँगे
आज तो ख़्वाब फ़क़त ख़्वाब नज़र आते हैं

या फिर यह :

फ़ुर्सत-ए-इश्क़ भी नहीं हासिल
आज इंसान है बहुत मशग़ूल

फ़िल्म एडिटिंग की तरह इस सीन को काटकर कोई तीस साल आगे चलते हैं तो पता चलता है कि इश्क़ बग़ैर क़ुर्बत-ए-दिलो-जाँ के नहीं हो सकता। कहते हैं :

मुझे तू इस क़दर अपने क़रीब लगता है
तुझे अलग से जो सोचूँ अजीब लगता है

लेकिन वह यह नहीं भूलते कि :

हज़ार एक हों दो ज़ेहन मुख़्तलिफ़ होंगे
यह बात तल्ख़ है लेकिन है ऐन फ़ितरत भी

और इसीलिए कहते हैं कि :

तू मेरी ज़ात में गुम हो सका न मैं तुझमें
बहुत क़रीब हुए फिर भी फ़ासला तो रहा

और सच है कि इंसान लाख मोहब्बत माँगे, लाख हसीनाओं और दोस्तों

की नज़दीकी चाहे, उसको एकान्त भी कम आकर्षक नहीं लगता। अकेलेपन की तलाश और ज़रूरत कभी-कभी उसको मजबूर कर देती है कि वह दुनिया से ख़ुद को काट ले। अख़्तर साहब ने इस हालत को यूँ बयान किया है :

हम पर सौ सौ बार पड़े हैं दौरे वो तन्हाई के
जो भी हमसे मिलने आया मिलने से इनकार किया

बात इस हद तक ना बढ़े, तो भी दूसरों का मिज़ाज खल सकता है :

कभी ख़ुद अपनी वफ़ा से हुआ है दिल बेज़ार
कभी ख़ुद उनकी मोहब्बत भी बार गुज़री है

ऐसे लम्हों में महबूब की आवाज़ तक बोझिल लग सकती है :

मैं जब भी उसके ख़यालों में खो सा जाता हूँ
वह ख़ुद भी बात करे तो बुरा लगे है मुझे

अक्सर इस क़िस्म का social withdrawal (ख़ुद को दुनिया से काट लेना) एक तीखे अनुभव, एक आस्था की हार और एक तकलीफ़देह psychic retreat (अपने भीतर सिमट जाना) से भी पैदा होता है :

सुबह की आस किसी लम्हा जो घट जाती है
ज़िन्दगी सहम के ख़्वाबों से लिपट जाती है

इतनी मनोवैज्ञानिक सूझ-बूझ के बावजूद अख़्तर साहब अपने बर्ताव के लिए ज़माने को इल्ज़ाम देने के जुर्म से पूरी तरह बरी नहीं हैं। दुनिया भर में मशहूर उनकी नज़्म 'आख़िरी लम्हा' में एक शेर इस हल्की इंसानी कमज़ोरी को ज़ाहिर करता है। अपनी औलाद से खुलकर मोहब्बत न कर पाने और ज़्यादा वक़्त साथ न गुज़ारने को अख़्तर साहब ने यूँ बयान किया है :

मैं जानता हूँ कि हालात का क़ुसूर था सब
मगर मैं ख़ुद को तसल्ली कभी न दे पाया

ख़याल में निहित निराशा और स्वार्थी मोड़ उनकी परिपक्व शायरी को शोभा नहीं देता। शुक्र है कि इस क़िस्म के एहसास हमें उनकी शायरी में कम ही मिलते हैं, ज़्यादातर मिलती है गहरी ईमानदारी और अपने बारे में तीखा सच सुनने और कहने की जुर्रत। मिसाल के तौर पर अपराध-बोध के बारे में कहते हैं :

मुआफ़ कर न सकी मेरी ज़िन्दगी मुझ को
वो एक लम्हा कि मैं तुझसे तंग आया था

और फिर इस जुर्म की भरपाई masochistic surrender (ख़ुद को तकलीफ़ पहुँचाकर ख़ुश होने की मनोवृत्ति) से करते हैं। मुलाहिज़ा फ़रमाएँ :

रंज-ओ-ग़म माँगे है, अंदोह-ए-बला माँगे है
दिल वो मुजरिम है जो ख़ुद अपनी सज़ा माँगे है

लेकिन जब सज़ा ख़ुद से पाने के बजाय दूसरों से, और ख़ास तौर पर अपने से कमतर दूसरों से मिलने लगती है तो उसके ख़िलाफ़ बग़ावत करने की ताक़त भी रखते हैं :

जब लगें ज़ख़्म तो क़ातिल को दुआ दी जाए
है यही रस्म तो यह रस्म उठा दी जाए

अपने आप पर भरोसे का एक और ख़ूबसूरत पहलू, ख़ुद अपने फ़न के सिलसिले में पेश किया है :

हमसे पूछो कि ग़ज़ल क्या है, ग़ज़ल का फ़न क्या
चंद लफ़्ज़ों में कोई आग छुपा दी जाए

या फिर यूँ कि :

ग़ज़ल को कल न मिलेंगे मिज़ाज दां हमसे

मगर self confidence (आत्मविश्वास) बढ़े तो self deception (आत्म छल) भी बन सकता है :

हमसे इक बार न जीता है ना जीतेगा कोई
वो तो हम जान के खा लेते हैं मातें अक्सर

ख़ुशी की बात यह है कि वे ख़ुद से ही छल करने का मज़ाक़ भी उड़ा लेते हैं :

हमने इंसानों के दुख दर्द का हल ढूँढ़ लिया
क्या बुरा है जो ये अफ़वाह उड़ा दी जाए

और स्वीकार करते हैं कि इस narcissistic repair (आत्ममुग्ध व्यक्ति का अपने व्यवहार के प्रति सजग होना) की पृष्ठभूमि में उम्र गुज़र जाने का एहसास और आने वाले बुढ़ापे का डर भी है :

न जाने वक़्त की रफ़्तार क्या दिखाती है
कभी-कभी तो बड़ा ख़ौफ़ सा लगे है मुझे

और यह ख़ौफ़ उन्हें फिर ख़ुद से छल करने पर मजबूर कर देता है हालाँकि एक हल्की सी विडम्बना लहजे में बनाए रखते हैं :

पहले हक़ीक़तों ही से मतलब था और अब
एक आध बात फ़र्ज़ भी करने लगा हूँ मैं

लेकिन एक मिनट रुकिए, कहीं ऐसा न हो कि तन्हाई पसन्दी, अफ़सोस, ख़ौफ़ और masochism के इस ब्योरे से आपको यह धोखा हो जाए कि अख़्तर साहब की शायरी में लुत्फ़, ख़ुशी, हुस्न की इबादत और इश्क़ की उमंग की कमी है। ऐसा हरगिज़ नहीं है, जिस्म का गरमाहट भरा आग्रह, प्रेमी की याद के रूपक और प्रतीक, मिलन की ख़ुशियों से भरपूर बातें उनकी शायरी में हमें क़दम-क़दम पर मिलते हैं और उनकी शायरी की यह ख़ूबसूरती भी मनोवैज्ञानिक समझ-बूझ की शमा से रौशन है। मिसाल के तौर पर हुस्न के

तक़ाज़ों और sensual pleasure को लेकर कहते हैं :

रुख़ों के चाँद लहू के गुलाब माँगे है
बदन की प्यास बदन की शराब माँगे है

या फिर यह कि :

ज़ुल्फ़ें, सीना, नाफ़, कमर
एक नदी में कितने भँवर

और यह कि :

इक जां गुदाज़ नशा रग-ओ-पै में बस गया
सारे बदन से रात कोई मुझको डस गया

इन अश'आर को पढ़ते हुए याद आया कि 1965 में क़ाज़ी सलीम अहमद ने अपनी एक किताब में शिकायत की थी कि उर्दू शायर sexuality से डरते हैं। उस किताब का नाम था 'उर्दू शायरी और आधे धड़ का आदमी'। ऊपर लिखे अश'आर को पढ़कर यक़ीन होता है कि अख़्तर साहब की शायरी एक पूरे जिस्म के आदमी की शायरी है।

लेकिन erotic mystery के खुल्लम-खुल्ला इज़हार के अलावा कहीं-कहीं उनके अश'आर subtle भी हैं। इन विषयों पर चन्द मिसालें देखिए :

ओढ़े हुए तारों की चमकती हुई चादर
नद्दी कोई बल खाए तो लगता है कि तुम हो

या फिर यह कि :

तू के बहती हुई नदिया के समां
तुझको देखूँ तो मुझे प्यास लगे

ग़ज़ल के अश'आर सुनाकर मैं यह ग़लत तसवीर नहीं पेश करना चाहता

कि अख़्तर साहब की नज़्में मनोवैज्ञानिक गहराई नहीं रखतीं। सच तो यह है कि प्रगतिशील आन्दोलन के युग की उनकी नज़्मों को छोड़कर ज़्यादातर नज़्में इंसान की अन्दरूनी उलझन के बारे में हैं और जहाँ कहीं ये अन्दरूनी ड्रामे भव्य या प्रभावशाली नहीं हैं वहाँ भी ऐसी-ऐसी अभिव्यक्तियाँ मिलती हैं जो बस दिल को छू लेती हैं। मिसाल के तौर पर 'ख़ाक-ए-दिल' (वह नज़्म जो उन्होंने मेरी माँ की मौत पर कही थी) का यह शेर हाज़िर है :

आज सोता ही तुझे छोड़के जाना होगा
नाज़ ये भी ग़म-ए-दौरां का उठाना होगा

और देखिए 'ख़ामोश आवाज़' (वह नज़्म जो उन्होंने मेरी माँ की आवाज़ में उनकी क़ब्र पर एक रात गुज़ार के लिखी थी) का यह शेर :

चाँद से जब भी बादल गुज़रा
दिल से गुज़रा अक्स तुम्हारा

बाहरी और अन्दरूनी दुनिया के इस हसीन संगम की और भी दिलकश मिसाल है उनकी नज़्म 'आख़िरी मुलाक़ात' जिसमें बचपन और जवानी की भूली- बिसरी चीज़ें भावनाओं की प्रतीक बन जाती हैं। मुलाहिज़ा फ़रमाएँ ये अश'आर :

दो पाँव बने हरियाली पर
इक तितली बैठी डाली पर

कुछ जगमग जुगनू जंगल से
कुछ झूमते हाथी बादल से

यह एक कहानी नींद भरी
इक तख़्त पर बैठी एक परी

कुछ गुनगुन करते परवाने
दो नन्हे नन्हे दस्ताने

कुछ उड़ते रंगीन ग़ुब्बारे
बिब्बो के दुपट्टे के तारे

वो चेहरा बन्नो बूढ़ी का
इक टुकड़ा माँ की चूड़ी का

मत रोको उन्हें पास आने दो
ये मुझसे मिलने आए हैं

मैं ख़ुद न जिन्हें पहचान सकूँ
कुछ इतने धुँधले साये हैं

छोटी-छोटी चीज़ों और रोज़मर्रा की बातों की वैभवशाली अर्थवत्ता को सेलिब्रेट करते हुए अश'आर अख़्तर साहब की बुनियादी ख़ुशदिली के मज़बूत गवाह हैं, और यह नेकी, ज़माने के लिए सद्भाव और ज़िन्दगी के लिए शुक्रगुज़ार होने के भाव उनकी नज़्म 'आख़िरी लम्हा' के इन अश'आर में ख़ासतौर पर रौशन हैं :

जीने की हर तरह से तमन्ना हसीन है
हर शर के बावजूद यह दुनिया हसीन है

दरिया की तुंद बाढ़ भयानक सही मगर
तूफ़ां से खेलता हुआ तिनका हसीन है

सहरा का हर सुकूत डराता रहा तो क्या
जंगल को काटता हुआ रस्ता हसीन है

दहशत दिला रही हैं चट्टानें तो क्या हुआ
पत्थर में जो सनम है वो कितना हसीन है

हों लाख कोहसार भी हाइल तो क्या हुआ
पल-पल चमक रहा है जो तेशा हसीन है

दर बंद है जो सहन-ए-गुलिस्तां का ग़म नहीं
ख़ुशबू जो ले उड़ा है वह झोंका हसीन है

लाखों सउबतों का अगर सामना भी हो
हर जह्द हर अमल का तक़ाज़ा हसीन है

जीने की हर तरह से तमन्ना हसीन है
हर शर के बावजूद यह दुनिया हसीन है

सरदार जाफ़री ने सच कहा है कि "जब तक उर्दू ज़बान बाक़ी है इन शेरों की ताबनाकी (चकाचौंध) में कमी न होगी।"

जेंडर की हदों से परे

आख़िरी बात जो मैं अख़्तर साहब की शायरी के बारे में कहना चाहता हूँ, उसका ताल्लुक़ जेंडर से है। अख़्तर साहब में मुहावरों पर निर्भर प्रयोगधर्मिता और विशिष्टता की खाई को पार करने की ग़ैर मामूली योग्यता थी। मानता

हूँ कि भक्ति रूप और सूफ़ियाना अन्दाज़ की शायरी में शायर अक्सर औरत बनकर अपनी भावनाओं की अभिव्यक्ति करता है और इस बात से भी वाक़िफ़ हूँ कि ज़रूरत की वजह से, और दी हुई सिचुएशन पर सभी फ़िल्मी गीतकार मर्द और औरत दोनों ही की ज़बान में लिखते हैं और इस सीमित क्षेत्र में अख़्तर साहब की इस योग्यता का कोई ख़ास दर्जा नहीं है। सच है कि उन्होंने कई बेहद अच्छे गाने लिखे हैं जो औरत के जज़्बात का इज़हार ख़ुद उसकी ज़बान में करते हैं। मिसाल के तौर पर "मैं तुम्हीं से पूछती हूँ मुझे तुमसे प्यार क्यों है" (फ़िल्म 'ब्लैक कैट'), "बे मुरव्वत, बेवफ़ा, बेगाना-ए-दिल आप हैं" (फ़िल्म 'सुशीला'), "रात पिया के संग जागी रे सखी" (फ़िल्म 'प्रेम पर्वत'), "यह दिल और उनकी निगाहों के साये" (फ़िल्म 'प्रेम पर्वत'), "आप यूँ फ़ासलों से गुज़रते रहे" (फ़िल्म 'शंकर हुसैन') और "ए दिले-नादां आरज़ू क्या है" (फ़िल्म 'रज़िया सुल्तान')।

यह गाने लोकप्रिय भी हैं और साहित्य की कसौटी पर खरे उतरने वाले कलाम की अभिव्यक्ति भी करते हैं, फिर भी ये गीत उन्हें अपने समकालीन फ़िल्मी गीतकारों में विशिष्ट नहीं बनाते। कुछ लोगों की राय में साहिर साहब के औरत पर फ़िल्माए गाने feminist ज़्यादा और feminine कम हों तो हों, मगर मजरूह साहब, शकील बदायूँनी साहब, और कैफ़ी साहब ने तो ख़ासतौर पर औरत की ज़बान में निहायत कमाल के गाने लिखे हैं। सो अख़्तर साहब ने ऐसे गाने लिखे तो इसे उनकी वैयक्तिक विशेषता नहीं कहा जा सकता।

उनका कमाल वहाँ ज़ाहिर होता है जब हम उनके ग़ैर-फ़िल्मी साहित्यिक दर्जे के कलाम का अध्ययन करते हैं। यहाँ वे अपने तमाम समकालीन शायरों से अलग दिखाई देते हैं। उनकी नज़्म 'ख़ामोश आवाज़' तो तक़रीबन दस पन्नों की है जो मेरी माँ की ज़बान में है। उनकी किताब 'घर आँगन' में कोई पचास क़िते और रुबाइयाँ हैं जो एक बीवी (जो कि मेरी सौतेली माँ और कई काल्पनिक और आदर्श बीवियों का मिला-जुला रूप है) की ज़बान में है और एक निहायत दिलचस्प एक्सपैरिमेंटल नज़्म 'तआक़ुब' मर्द की

आवाज़ में शुरू होती है लेकिन अन्त से पहले के आठ-दस मिसरे औरत की ज़बान में हैं।

इस तरह की संजीदा शायरी हमें आज के दौर में कहीं नहीं मिलती। ज़ाहिर है कि एक मनोवैज्ञानिक होने के नाते मैं यह सोचे बग़ैर रह नहीं सकता कि अख़्तर साहब को औरतों के जज़्बात की यह समझ कहाँ से मिली, और इसके इज़हार की जुर्रत उनमें कैसे पैदा हुई, लेकिन चूँकि "इसमें कुछ पर्दा नशीनों के भी नाम आते हैं" मैं इस बहस को यहाँ नहीं उठाऊँगा।

और अन्त में

इस लेख में मैंने अपने वालिद जाँ निसार अख़्तर के कलाम की चार ख़ूबियाँ स्पष्ट करने की कोशिश की है। ये चार ख़ूबियाँ हैं—कलाम के विविध रंग, कलाम का शब्द-शिल्प, मनोवैज्ञानिक सूझ-बूझ और औरत की भावनाओं की सशक्त अभिव्यक्ति। मेरे विचारों से आप सहमत हों या ना हों मगर उम्मीद है कि सोचने पर ज़रूर मजबूर होंगे। और याद रहे कि इस लेख को लिखने में मैंने अख़्तर साहब को एक इंसान और एक बाप की हैसियत से नहीं देखा है और ख़ुद अपने आप को एक बेटे और एक मनोवैज्ञानिक की समझ और व्यक्तिगत भावनाओं से परे रखा है। अगर इन चार व्यक्तियों को कुछ कहने की इजाज़त देता तो यह लेख एक मोटी किताब की शक्ल ले लेता और कुछ ज़्यादा ही हो जाता। कुछ खिड़कियों पर पर्दे पड़े रहना ही अच्छा है, यह तो आप भी मानेंगे। हाँ इतना ज़रूर कह दूँ कि मेरे एक शेर को सुनकर अख़्तर साहब ने बेसाख़्ता कहा था कि इसका मिस्रा-ए-सानी (दूसरा मिसरा) उनके लौह-ए-मज़ार (मज़ार की तख़्ती) पर लिखा जाए। वह शेर यह था :

अपनी तो क़ब्र पर तय है कि यह कत्बा होगा
"इक न इक दिल में तो यह आदमी ज़िन्दा होगा"

कई पेचीदा वजहों से ऐसा ना हो सका लेकिन यह ज़रूर हुआ कि अख़्तर साहब एक दिल के बजाय हज़ारों दिलों में ज़िन्दा रहे और रहेंगे। सोचता हूँ कि अगर वे मेरा यह शेर भी सुनते तो एक मुस्कुराहट उनके चेहरे पर बिखर जाती जैसे कह रहे हों कि मैं सब जानता हूँ और अनुमोदन करता हूँ :

जिसके दिल में कहो क़याम करें
कौन कहता है बे अमां हमको

मेरे भाई

जावेद अख़्तर

(1944)

गो देखने में मुझसे बहुत मुख़्तलिफ़ है वो
अन्दर से उसका हाल भी मेरे समान है

—सलमान अख़्तर

शायरी के संग्रह

तरकश (1995)
लावा (2012)

जावेद अख़्तर के पाँच निहायत उम्दा अश'आर

मेरे भाई जावेद अख़्तर अन्तरराष्ट्रीय ख्याति-प्राप्त व्यक्ति हैं। यह ख्याति उन्हें कई क्षेत्रों में उनकी योग्यता और सामर्थ्य की वजह से मिली है। फ़िल्मों के स्क्रीन प्ले और डायलॉग, राजनीति के मैदान में महत्त्वपूर्ण और साहसी विचारों की अभिव्यक्ति, शायरी में शब्द-शिल्प की महारत और सामाजिक परिस्थितियों पर वक्तव्य (ख़ासतौर पर धर्म के आधार पर होनेवाले भेदभाव और रूढ़िवादी विचारों के ख़िलाफ़ भाषण) देने में उनका बोलबाला। इन तमाम क्षेत्रों में सफलता उनकी ख्याति के मिले-जुले कारण हैं। जिस तरह उनकी ख्याति का कैनवस विस्तृत है उसी तरह उनकी शायराना पूँजी कई क्षेत्रों की पैदावार है और उसमें ग़ज़ल, नज़्म, गीत के अलावा फ़िल्मी गाने और भजन भी शामिल हैं।

शायरी की विविधता को देखते हुए मेरे इस लेख के सीमित फ़ोकस पर पाठक अगर एतराज़ उठाएँ तो अपनी सफ़ाई में सिर्फ़ इतना कहूँगा कि जावेद अख़्तर की समूची शायरी के बारे में और बहुत कुछ लिखा जा चुका है और भविष्य में भी लिखा जाएगा। मैंने अपने इस संक्षिप्त लेख के लिए

विवरण की अपेक्षा गहराई को चुना है। यह मेरे मिज़ाज के भी अनुकूल है और मेरे डॉक्टरी के पेशे के भी।

अब इस प्रस्तावना में सिर्फ़ एक बात और जोड़ना चाहता हूँ और वह यह है कि मैंने ये पाँच अश'आर ही क्यों चुने हैं, कोई दूसरे पाँच अश'आर क्यों नहीं। ज़ाहिर है इसमें कुछ न कुछ मेरी अपनी पसन्द और idiosyncrasy की उपेक्षा करना मुश्किल था लेकिन मेरा ख़याल यह है कि ये पाँच अश'आर न सिर्फ़ साहित्य जगत् के लिए उनके बेहतरीन तोहफ़े हैं बल्कि इन मोतियों से अर्थों का एक बेहद क़ीमती हार बनाया सकता है।

ख़ैर, अब यह सब तो हुआ। चलिए अब उनकी शायरी का लुत्फ़ लें। एक-एक करके पढ़ें ये अश'आर और सोचें उनके बारे में। और जब यह सफ़र ख़त्म होने वाला हो तो यह समझने की कोशिश करें कि इन पाँचों में क्या आपसी रिश्ता है अर्थों का, और क्या साझे मूल्य हैं सौन्दर्य-बोध के।

पहला शेर :

तुम बैठे हो लेकिन जाते देख रहा हूँ
मैं तन्हाई के दिन आते देख रहा हूँ

इस शेर की ख़ूबी पहले मिसरे के दूसरे हिस्से में छिपी है। "लेकिन जाते देख रहा हूँ।" ज़ाहिर है कि यहाँ किसी वास्तविकता का बयान नहीं है, यह है एक आने वाले पल की आहट का बयान, एक ख़ौफ़ का इज़हार, एक एहसास कि अब यह रिश्ता ख़ात्मे पर है। वास्तविक और सामाजिक ज़ंजीरों ने असलियत में अलगाव नहीं होने दिया है लेकिन दिल का लगाव अब नहीं रहा है। बक़ौल अज़ीज़ क़ैसी :

अब तो फ़क़त बदन की मुरव्वत है दरमियाँ
था रब्त-ए-जान-ओ-दिल तो शुरुआत ही में था

तो जावेद अख़्तर के इस शेर में उसी शुरुआत के ख़ात्मे का ज़िक्र है। रिश्ता टूटा नहीं है, बदल गया है, टूट रहा है और यह गति इस शेर की जान

है। इस दर्द के गुंबद में फ़िराक़ साहब के नीचे लिखे शेर की प्रतिध्वनि भी सुनाई देती है :

एक वह मिलना, एक यह मिलना
क्या तू मुझको छोड़ रहा है

लेकिन ज़रा रुकिए। जावेद अख़्तर के शेर के दूसरे मिसरे की तरफ़ ध्यान दीजिए तो दो और बातें स्पष्ट होंगी। "मैं तन्हाई के दिन आते देख रहा हूँ" एक बार फिर यहाँ वास्तविकता के बजाय कल्पना को महत्त्व दिया गया है। 'तन्हाई के दिन' अभी कहाँ, अभी तो 'तुम बैठे हो' लेकिन शायर जानता है कि तुम सिर्फ़ आधे दिल से मौजूद हो, तुम अब कहीं और, किसी और की सोच रहे हो, सो 'तन्हाई के दिन' ज़ेहन में आना अनिवार्य है लेकिन यह अनुभव इतना दर्दनाक है कि इसको कुछ और देर के लिए टालना ज़रूरी है। 'आते देख रहा हूँ' बचाव कराता है उस ख़ौफ़नाक एहसास से कि 'तन्हाई के दिन' तो आ चुके हैं लेकिन उनका आना कुछ देर स्थगित करने से और कुछ 'जाते' को 'आते' से सन्तुलित करके शायर इस अफ़साने को अंजाम तक न ला सकेगा। शायर ग़म को अपनी सहनशक्ति के सुपुर्द कर सकता है। इसी में ख़ूबसूरती है, वह ख़ूबसूरती जिसे 1908 में फ्रायड ने aesthetic bribe कहा था और उसी में सह पाने और ज़िन्दा रहने का वह जज़्बा है जिस पर ग़ालिब ने कहा है :

ताब लाए ही पड़ेगी ग़ालिब
वाक़या सख़्त है और जान अज़ीज़

दूसरा शेर :

इक खिलौना जोगी से खो गया था बचपन में
ढूँढ़ता फिरा उसको वह नगर नगर तन्हा

इस शेर में देखने में बहुत सादगी है। अगर ध्यान न दिया जाए तो शेर

सतही भी मालूम पड़ता है। एक चीज़ खो गई और उसको तलाश किया जा रहा है। जज़्बात और हालात का see-saw है, इसमें गहराई कहाँ? लेकिन ठहरिए! याद कीजिए निदा फ़ाज़ली ने कहा था : "दो और दो का जोड़ हमेशा चार कहाँ होता है?" तो भाई फिर से देखिए जावेद अख़्तर के शेर को। अब तहें खुलना शुरू होंगी। यह 'खिलौना' क्या वाक़ई महज़ इक खिलौना, एक टॉय था या एक रिश्ता, एक ख़याल, एक जज़्बा, एक इंसान? और यह खोया है बचपन में यानी उसका असर इतना सतत और स्थायी है। विलियम फ़ॉकनर का यह कथन याद आता है : "The past is not dead, it is not even past" और निदा फ़ाज़ली का यह मिसरा भी "जो बीत गया है वह गुज़र क्यों नहीं जाता।"

तो इतनी ही सोच से दो बातें ज़ाहिर हुईं : यह सिर्फ़ इक भौतिक वस्तु का खोना नहीं इसमें और बातें भी छिपी हैं। यह खिलौना किसने दिया था, इसके खो जाने में किसकी ज़िम्मेदारी है और इसका असर वयस्क होने तक क्यों है? ज़ाहिर है 'जोगी' तो बचपन में महज़ एक बच्चा था, 'जोगी' नहीं, तो खिलौना 'जोगी' से नहीं खोया था, बच्चे से खोया था जो कि अब जोगी बन चुका है। रुकिए, क्या ऐसा तो नहीं कि बचपन की इस क्षति ने उसे 'जोगी' बना दिया हो? लेकिन उसका वनवास, उसका संन्यास पूरा नहीं, क्योंकि वह परित्याग नहीं कर पाया है और अब तक ढूँढ़ रहा है उस खिलौने को उस भावनात्मक अनुभव को जो उसे वह खिलौना उपलब्ध कराता था।

अब आख़िरी बात इस शेर के बारे में। "नगर नगर" की तलाश करके शायर हमें साफ़ बताता है कि यह एक illusory search (मृगतृष्णा) है, वह खिलौना अब मिलने वाला नहीं है। उसे अतीत की अँधेरी गोद ने कब्र का छुपा लिया है। वह भविष्य के खेत-खलिहान में नहीं उगने वाला। यह तो समझ में आता है मगर उस 'जोगी' के 'तन्हा' होने की क्या वजह है? क्या 'जोगी' और 'तन्हा' inseparable attributes (परस्पर अलग न होने वाले गुण) हैं? या बचपन के एक अहम और traumatic loss ने उस शख़्स की रिश्ते बनाने और रखने की क्षमता को उससे वंचित कर दिया है? एक शेर और कितने सवाल? कितने

ख़याल? हम एक अच्छे शायर के एक अच्छे शेर से इससे ज़्यादा और क्या माँग सकते हैं?

तीसरा शेर :

कभी जो ख़्वाब था वो पा लिया है
मगर जो खो गई वह चीज़ क्या थी

यह शेर भी बहुत अच्छा है। इसमें भी कुछ खोने का ज़िक्र है मगर अब शायर का पेट कुछ भर गया है। वह न तो 'तन्हाई के दिन आते देख रहा है' और न 'नगर नगर' एक निष्फल प्रयास में व्यस्त है। उसने अपने सपनों को साकार कर लिया है लेकिन ग़ालिब की चेतावनी को एक तरफ़ रखते हुए ख़ुशी से मरा नहीं है। फिर भी एक अजीब उदासी से निजात नहीं पाता। पाया तो है और जो पाया है उससे वह ख़ूब वाक़िफ़ है मगर खोया भी है कुछ, मगर क्या खोया है ठीक से पता नहीं। 'वह चीज़ क्या थी' ज़ाहिर है कि शायर इस सवाल का जवाब या तो जानता है मगर जानना या बताना नहीं चाहता या फिर वह अस्ल में इसका जवाब नहीं जानता। दोनों सूरतें एक ही स्पष्टीकरण से ज़ाहिर हो जाती हैं। वह 'चीज़' जो खो गई है 'चीज़' थी ही नहीं, it was not a thing, वह एक फ़ीलिंग थी। एक मासूमियत का एहसास था। एक नर्मदिली का ज़माना था। ख़ुद जावेद अख़्तर का एक और शेर इस स्पष्टीकरण का समर्थन करता है :

गिन गिन के सिक्के हाथ मेरा खुरदरा हुआ
जाती रही वो लम्स की नरमी बुरा हुआ

बात समझ में आती है मगर यह किसके स्पर्श की नरमी थी, सिर्फ़ अपने हाथ का ज़िक्र है या अपने हाथ को किसी और के हाथ में पाने की एक धुँधली सी याद भी यहाँ छुपी है? इस सवाल का सन्तोषजनक जवाब तो ख़ैर नहीं दिया जा सकता मगर इतना ज़रूर विश्वास से कहा जा सकता है कि शायर को एहसास ही नहीं, अनुमान ही नहीं बल्कि यक़ीन है कि कोई

कमी अभी भी ज़िन्दगी में बाक़ी है। ऐसी कमी जो दौलत और शोहरत से पूरी नहीं होती। अली सरदार जाफ़री का यह मिसरा कि 'ये वो सदा है जिसे क़त्ल कर नहीं सकते' प्रोगेसिव रायटर्स मूवमेंट के सन्दर्भ में कहा गया था मगर जावेद अख़्तर के इस शेर में छिपे दुख को महसूस करते हुए जाफ़री साहब के इस मिसरे का अर्थ बदल जाता है। 'ये सदा' समाज की बेरुख़ी से विरोध की नहीं लगती बल्कि एक दबी हुई आह की गूँज लगती है। ख़ुद मेरा एक शेर इस भावना का एक अलग चित्रण करता है :

मेरी ख़ामोशियों में लरज़ां है
मेरे नालों की गुमशुदा आवाज़

चौथा शेर :

बिछड़ कर डार से बन बन फिरा वो
हिरण को अपनी कस्तूरी सज़ा थी

इस शेर में पिछले दो अश'आर की झलक है। जोगी का नगर नगर भटकना और कामयाबी के बावजूद किसी धुँधली सी कमी का एहसास जो पिछले दो अश'आर में था वह यहाँ भी है। मगर इस शेर में कुछ नई बातें भी हैं। पहली तो यह कि 'बिछड़ने' का ज़िक्र तो है लेकिन यह बात अस्पष्ट छोड़ दी गई है कि वह हिरण बिछड़ा क्यों? क्या ख़ुद उसके मिज़ाज में ज़िद थी दूसरों के साथ न रहने की? क्या उसकी ख़ूबसूरती और बुद्धि दूसरों को बर्दाश्त न थी? क्या उसे किसी हादसे ने अपने झुंड से अलग कर दिया? क्या हुआ उसके माँ-बाप को? उसके साथियों को? कुछ पता नहीं, सिर्फ़ एक नुक़सान, एक जुदाई का ज़िक्र है। इल्ज़ाम किसी पर नहीं है। दूसरी बात है हिरण की पसन्द। यह जानवर है तेज़ रफ़्तार और ख़ूबसूरत। यानी अहम ख़ूबियों का मालिक जो अगर इंसान होता तो ज़रूर कामयाब होता, दौलत-ओ-शोहरत का मालिक होता। तो अपने इस चुनाव की वजह से यह जानवर ख़ुद शायर का अवतार भी माना जा सकता है। तीसरी बात यह कि इस हिरण का 'बन

बन फिरना' उस जोगी के 'नगर नगर भटकने' से अलग है। ज़ाहिर है कि दोनों कुछ तलाश कर रहे हैं मगर जोगी उस खिलौने को ढूँढ़ता फिर रहा है जो उससे खो गया है, हिरण उस ख़ुशबू को ढूँढ़ रहा है जो ख़ुद उसके अन्दर मौजूद है। यानी क्षति ने, जुदाई ने उसे इतनी चोट नहीं पहुँचाई है कि उसकी सारी अच्छाइयाँ, सारी ख़ूबियाँ तबाह हो जाएँ। वह हालात की कड़वाहट और निजी ज़ख़्मों को झेल चुका है। उसमें कमी है तो आत्म-चेतना की, वरना उसमें कस्तूरी (बुद्धि, प्रतिभा, साहस) की कमी नहीं। शायद अब और भी सच बर्दाश्त कर सके अपने बारे में, दुनिया के बारे में, अपने अतीत के बारे में, अपनी क्षति के बारे में।

पाँचवाँ शेर :

झुटपुटे का आलम है जाने कौन आदम है
इक लहद पे रोता है मुँह को ढाँप कर तन्हा

जावेद अख़्तर का पाँचवाँ और आख़िरी शेर पिछले चार अश'आर से मिलता-जुलता भी है और अलग भी है। मिलता इस तरह से है कि इस शेर में भी कुछ खोने, तन्हाई और अफ़सोस की दास्तान है और अलग इसलिए कि इसमें न अन्देशा है (लेकिन जाते देख रहा हूँ), न ख़ौफ़ है (मैं तन्हाई के दिन आते देख रहा हूँ), न तलाश है (ढूँढ़ता फिरा उसको), न जिज्ञासा है (वह चीज़ क्या थी) और न बेचैनी (बन बन फिरा वो)। इन तमाम अधीर भावनाओं के बजाय इस पाँचवें शेर में एक ठहराव है, वह ठहराव जो हक़ीक़त को मान लेने से मिज़ाज में पैदा होता है। पिछले चार अश'आर में यह तो माना गया है कि कुछ खोने का ज़ख़्म है, मगर उस ज़ख़्म पर तरह-तरह के मरहम भी रखते हैं। उनके मुक़ाबले में यह पाँचवाँ शेर न सिर्फ़ उस loss को, उस क्षति को स्वीकार करता है (आख़िरकार लहद यानी क़ब्र का मतलब ही है कि कोई गुज़र गया है इस दुनिया से) बल्कि उस अपार दुख को भी स्वीकार करता है जो उस क्षति ने पैदा किया है।

यह 'आदम' लहूलुहान है, क़ब्रिस्तान का visitor है, सत्य का वाहक है और ज़िन्दगी के झुटपुटे का प्रशंसक भी। उसमें तन्हाई बर्दाश्त करने, बिछड़ने और खोने के सदमे को बर्दाश्त करने, और शोक मनाने की क्षमता है। वह न तो ऐसा बच्चा है जो खोए हुए खिलौने का विकल्प ढूँढ़ रहा है, न जोगी जो पूरी तरह संन्यासी भी न हो सका है, न वह आशिक़ जो विरह की आशंका का शिकार है और न वह हिरण जो अपने अन्दर छुपी ख़ूबियों से अनजान है। इस पाँचवें शेर का हीरो एक परिपक्व वयस्क है जो समझता है कि ज़िन्दगी में लॉस किसी न किसी तरह होता ही है और जो जानता है कि विलाप और दुख-दर्द की स्वीकृति और अभिव्यक्ति, कमज़ोरी नहीं बल्कि इंसानी ज़रूरत भी है और मज़बूती भी। इन तमाम बातों के मद्देनज़र मेरा ख़याल यह है कि पहले चार अश'आर बहुत अच्छे हैं लेकिन यह पाँचवाँ शेर एक शानदार शेर है। इस शेर से साफ़ ज़ाहिर होता है कि अब दौलत और शोहरत की भूख नहीं है। यह शेर फ़साद के बाद का है। अब मोहरे का सफ़र एक नई मंज़िल पर है, अब वक़्त है कि वह एक कमरा खोला जाए जहाँ अगर दुख, पछतावे, ग़म और रंज का अंबार है तो इस बोझ को समझदारी, नेक मिज़ाजी और यथार्थवादी दृष्टि से उठाने की क्षमता भी है। अब ग़म से इनकार लाज़िम नहीं, अब ग़म ख़ुद अपना इलाज है। बक़ौल ग़ालिब : "रंज से ख़ूगर हुआ इंसां तो मिट जाता है रंज।"

जावेद अख़्तर के इस शेर में बुद्ध का सच, मशहूर मनोवैज्ञानिक Melanie Klein की depressive position और तलाश को क्षतिपूर्ति में परिवर्तित करने की कोशिश है और साथ-साथ उस कोशिश के inevitable यानी हर हालत में नाकाम हो जाने का स्वीकार भी।

और अन्त में

हिन्दुस्तान के पूर्व राष्ट्रपति डॉक्टर ज़ाकिर हुसैन ने एक बार कहा था कि

अच्छे शेर में तीन ख़ूबियाँ होती हैं, एक—ज़्यादा मुश्किल न हो, एक-दो बार सुनने से ही समझ में आ जाए। दो—तीन-चार बार दोहराएँ तो याद हो जाए और तीन—जी चाहे कि काश यह शेर हमने कहा होता। इस आख़िरी ख़ूबी का ज़िक्र ग़ालिब ने भी किया है :

देखना तक़रीर की लज़्ज़त कि जो उसने कहा
मैंने यह जाना कि गोया ये भी मेरे दिल में है

जावेद अख़्तर के इन तमाम अश'आर में डॉक्टर ज़ाकिर हुसैन की बताई हुई तमाम ख़ूबियाँ हैं और मेरे लिए उनके आख़िरी शेर में वह भव्यता भी है जिसकी तरफ़ ग़ालिब ने इशारा किया है। और क्यों न हो, आख़िरकार हम दोनों भाई हैं, और भले ही सतही तौर पर हमारी ज़िन्दगी के रास्ते, मक़सद और कामकाज के क्षेत्र अलग-अलग हैं, लेकिन कुछ ज़ख़्म हमारे एक से हैं ('एक हैं' कहना सच न होगा) और उनका असर हमारे चरित्र पर भी है और हमारे अश'आर पर भी। मैंने इस विचार को शेर में यूँ बाँधा है :

गो देखने में मुझसे बहुत मुख़्तलिफ़ है वो
अन्दर से उसका हाल भी मेरे समान है

इस 'अन्दर के हाल' पर जावेद अख़्तर ने बहुत कुछ लिखा है और बहुत से genres में लिखा है। इन पाँच अश'आर का मेरा चुनाव अधूरा ज़रूर हो सकता है मगर इस चुनाव के पीछे का इरादा नेक है। मेरी कोशिश हर पल रही कि इस कलाम के मख़मल में मनोविज्ञान के कुछ सलमा-सितारे टाँक दूँ। कामयाब हुआ हूँ या नहीं, यह तो सिर्फ़ जावेद अख़्तर के वफ़ादार पाठक बता सकते हैं या ख़ुद वह। यह बात कहते हुए मुझे अपना एक पुराना शेर याद आता है और उसी पर इस गुफ़्तगू को ख़त्म करता हूँ :

देखें वो इस सवाल का देता है क्या जवाब
सुनते हैं, आदमी बड़ा जादू-बयान है।

इस किताब के बारे में छठी और आख़िरी बात

इस किताब को लिखना ख़त्म कर रहा हूँ तो साक़िब लखनवी का यह शेर ज़ेहन में आता है :

ज़माना बड़े ग़ौर से सुन रहा था
हमीं सो गए दास्ताँ कहते कहते।

मगर सच यह है कि न तो मैं दावे के साथ कह सकता हूँ कि 'ज़माना' ग़ौर से सुन रहा था (यहाँ मेरा आशय उन पाठकों से है जो इन लेखों को पढ़ रहे थे) और न यह कि मैं इस रामकहानी को सुनाते-सुनाते सो गया। बहुत सम्भव है कि लोगों ने कुछ लेख आधे-पौने पढ़कर छोड़ दिए हों। वास्तविकता यह है कि सोने के बजाय इन लेखों को लिखने की प्रक्रिया ने मुझे जगा दिया है। दरअसल इस प्रक्रिया ने मेरे साहित्य प्रेम में वृद्धि की है, मुझे भाषा-शिल्प और शायरी की, ज़ूदगोई यानी कम समय में ज़्यादा लिखने की कला और उसके जादू से परिचित कराया है। यही नहीं मेरे दिल में अपने परिवार की ही नहीं बल्कि परिवार नाम की संस्था के प्रति सम्मान बढ़ाया है। लंदन के एक मशहूर मनोविश्लेषक

گھر کا بھیدی

ڈاکٹر سلمان اختر کے اپنے دادا مضطر خیرآبادی، اپنے ماموں مجازؔ لکھنوی، اپنے والد جاں نثار اختر اور اپنے بھائی جاوید اختر پر لکھے یہ مضامین ادبی دنیا میں ایک منفرد مقام رکھتے ہیں۔ اردو شاعری کی سوچ سمجھ اور تنقید میں ''گھر کا بھیدی'' پہلی کتاب ہے جس میں ایک شاعر خود اپنے خاندان کے مشہور اور مقبول شعرا کے کلام پر تبصرہ کرتا ہے اور اس ذخیرۂ سخن کا موازنہ بھی اُن کے ہمعصر شعرائے کرام سے کرتا ہے۔ بات کی گہرائی اور بڑھ جاتی ہے جب ہم کو یہ پتہ چلتا ہے کہ اِس کتاب کا مصنف نہ صرف خود ایک معتبر شاعر اور ادیب ہے بلکہ ایک مشہورِ زمانہ ماہرِ نفسیات بھی۔ نتیجے کے طور پر ''گھر کا بھیدی'' ہمیں ادبی فنکاری کے رَمز و اَسرار سے بھی متعارف کرواتی ہے اور اُن کے پیچھے چُھپے ہوئے ذاتی کرب و مسائل سے بھی۔

گھر کا بھیدی

سلمان اختر

راج کمل پرکاشن

ISBN: 978-93-6086-014-1

قیمت: 595 روپے

پہلا ایڈیشن: 2024

پبلیشر : راج کمل پرکاشن پرائیویٹ لمیٹڈ
B-1، نیتاجی سبھاش مارگ، دریا گنج
نئی دہلی- 002 110
شاخیں : اشوک راج پتھ، سائنس کالج کے سامنے، پٹنہ- 006 800
پہلی منزل، درباری بلڈنگ، مہاتما گاندھی مارگ، پریاگ راج- 001 211
1، انمول سوراجی سنتوک لین، دھوبی تالاو، میرین لائنز، ممبئی- 002 400

ویب سائٹ: www.rajkamalprakashan.com
ای میل: info@rajkamalprakashan.com

پرنٹر : وکاس کمپیوٹرز اینڈ پرنٹرز
ٹرونیکا سٹی -102 201

GHAR KA BHEDI
by Salman Akhtar

[1915-1953]

اپنی ماں صفیہ اختر کے نام

فہرست

اِس کتاب کے بارے میں پانچ باتیں

پہلی بات: یہ کتاب میرے اُن مضامین پر مُشتمل ہے جو میں نے اپنے خاندان کے مشہور اور مقبول شعرا پر لکھے ہیں۔ اس فہرست میں میرے دادا مُضطر خیرآبادی، میرے ماموں مجاز لکھنوی، میرے والد جاں نثار اختر اور میرے بھائی جاوید اختر شامِل ہیں۔

دوسری بات: اِس کتاب کا عنوان ''گھر کا بھیدی'' میں نے اپنی والدہ صفیہ اختر کے اُس مضمون سے لیا ہے جو اُنھوں نے ۱۹۵۰ء میں اپنے شوہر اور میرے اور جاوید کے والد جاں نثار اختر پر لکھا تھا۔ اس challenging قدم کو اُٹھاتے ہوئے انھوں نے اپنے قارئین سے کہا تھا کہ وہ لکھیں گی۔ ''تاہم اس شرط پر نہ آپ مجھے گھر کا بھیدی قرار دیں اور نہ ہی میں لنکا ڈھاؤں۔ اِسی میں میری سلامتی ہے اور بحیثیتِ مجموعی پوری انسانیت کی فلاح بھی''۔ میں اپنی والدہ کے اس جذبے سے متفق ہوں گو کہ اُن کے دوسرے جُملے میں ''پوری انسانیت'' بدلے ''اُردو شاعری'' کا اِستعمال بہتر جانتا ہوں اپنی کتاب کیلیے۔

تیسری بات: اِس کتاب میں مضطر صاحب پر، اختر صاحب پر اور جاوید پر ایک ایک مضمون ہے اور مجاز صاحب پر دو۔ یہاں تعداد کے علاوہ ایک اہم فرق اور بھی

اور وہ یہ کہ مجاز پر لکھتے ہوئے میں نے اپنی pychoanalytic voice کو بھی برابر space دی ہے، جب کہ دادا، باپ اور بھائی کے بارے میں مضامین لکھتے ہوئے میں صرف ایک literary critic رہا ہوں۔اس کی وجہ یہ ہے کہ دادا سے میرا distance بہت زیادہ اور باپ اور بھائی سے بہت کم ہے۔ ماہرِنفسیات کیلئے یہ دونوں ٹھیک نہیں۔مجاز سے میرا جذباتی اور ذہنی فاصلہ optimal ہے۔ اوراسلئے میں اُن کے بارے میں بطورِ psychoanalyst بھی لکھ سکتا ہوں۔

چوتھی بات: اِس کتاب کی بنیادی زبان اُردو ہے مگراس میں انگریزی کےالفاظ کی کثرت ہے۔ یہ اظہارِ بیان قدامت پسند نقادوں کوشایداچھا نہ لگےلیکن یہی میرا authentic انداز ہے اور میں دوسروں کوخوش کرنے کے لئے اِسے تبدیل نہیں کرنا چاہتا تھا۔آپ میں سے کچھ لوگ واقف ہوں گے میں نے غزلوں کی ایک پوری کتاب اسی hybrid زبان میں لکھی ہے جواسٹاربکس دہلی کےامرِناتھ ورما صاحب نے شائع کی ہے۔بہرحال جیسے میرے adopted مُلک امریکا میں کہتے ہیں: "It is what it is."

پانچویں بات: میں نے یہ کتاب اُردو میں لکھی تھی۔اس کا ہندی ترجمہ میری عزیز دوست اچلا شرما نے اپنے خاوِند پرویز عالم کے ساتھ مِل کر کیا ہے۔اچلا جی ایک established ہندی ادیب ہیں اورBBC ریڈیو کے ہندی شعبے کی ایک مدّت صدر رہی ہیں۔ان کے افسانوں اور ڈراموں کے کئی مجموعے شائع ہو چکے ہیں اور پرویز صاحب ایک نہایت ادب شناس اور تجربہ کار ریڈیو کے صحافی ہیں۔اُن دونوں کا اس کتاب سے مُنسلک ہونا میرے لئے فخر اور تشکُر کی بات ہے۔اور بھی کچھ لوگ ہیں جن کا ہاتھ اس کتاب کی اشاعت میں ہے۔اُن حضرات میں سب سے نمایاں ہیں

جناب رفعت عزمی (مدیر ''نیا دور'')، جناب سیف محمود اور محمد عبداللہ (میرے عزیز دوست اور خود ادیب اور شاعر)، ڈاکٹر سنبل وارثی (میری کزن اور دہلی کی ایک تجربہ کار اور معتبر pediatrician)، جناب ناصر ہاروانی (میرے کزن اور دہلی کے مقبول گلوکار)، جناب اشوک مہیشوری (راج کمل پبلیکیشنز کے کرتا دھرتا) اور جناب جمال بھارتی (میرے نہایت مددگُن کاتب)۔ ان تمام نیک کردار خواتین اور حضرات کی مدد کے بغیر میری یہ کوشش آپ تک نہ پہونچ سکتی۔

خاکسار

سلمان اختر

April 18, 2024
Haverford, PA
USK

میرے دادا

مُضطَر خیرآبادی

(1865-1927)

میرے اَجداد کا مکان ہے یہ
تُم سے پہلے کی داستان ہے یہ

سلمان اختر

اَدبی تصانیف

طویل نظموں کے کتابچے

- مُنھ دیکھی مُحبت (۱۹۰۴)
- نیکی کا بدلہ بَدی (۱۹۰۱)
- اللہ بس، باقی ہوس (۱۹۰۰)
- دُکھی کی پُکار (۱۹۰۵)
- فُغانِ مُضطر (۱۹۰۴)

نعتیہ کلام کا مجموعہ

- نذرِ خُدا (۱۹۱۲)

دیگر شعری مجموعہ

- اِلہامات (۱۹۲۴)

ناول

- قتیلِ جفا (۳ جلدیں سن اِشاعت نامعلوم)

ڈرامے

- انجامِ صبر (سن اِشاعت نامعلوم)
- رازِ وحدت (سن اِشاعت نامعلوم)
- رفیق بیوی (سن اِشاعت نامعلوم)
- سہرے کا پھول (سن اِشاعت نامعلوم)
- عزیزِ مصر (سن اِشاعت نامعلوم)

کلیاتِ سخن

- خرمن (پانچ جلدیں۔ ۲015)

سر پہ سایہ ہے مرے ایک گھنے برگد کا

خوش اخلاقی اور تکلّف کی سوچُوں تو خود اپنے پر شک ہوتا ہے کہ کیا میں اپنے دادا مشہور شاعر مُضطرؔ خیر آبادی پر صرف خانہ پُری کیلیئے اور خود کو ایک سعادتمند اور نیک پوتا ثابت کرنے کیلیئے تو یہ مضمون نہیں لکھ رہا۔ یہ احساس یُوں بھی جاگتا ہے کہ نہ تو مَیں اُن سے کبھی ملا (اُن کی وفات میری پیدائش سے قبل ہو چُکی تھی) اور نہ میں نے اُن کی شاعری کا ٹھیک سے مُطالعہ کیا ہے۔ ہاں یہ سچ ہے بچپن سے جانتا ضرور تھا کہ بھئی ہمارے دادا ایک مشہور شاعر تھے۔ اُن کے نعتیہ کلام کے مجموعے ''نذرِ خدا'' کی ایک پھٹی پرانی کاپی شاید چودہ پندرہ سال کی عمر میں دیکھی تھی لیکن چونکہ مذہب کی حِدّت خُون میں کم تھی اس لئے اُس نے کوئی خاص attract نہیں کیا۔ مُضطرؔ صاحب کا نام اور اُن کے شاعر ہونے کا اثر ذہن پر یُوں بھی کم ہو گیا کہ خود ہمارے والد جاں نثار اخترؔ اور ماموں مجازؔ لکھنوی مشہور اور مقبول شاعر تھے اور اِن دونوں سے بچپن کی اَن گنت یادیں وابستہ ہوئیں۔ سو بھئی اس تمام بھیڑ بھاڑ میں مرحوم دادا ہمارے دِل تک نہ پہونچے اور نہ ہی ہم نے کوئی خاص کوشش کی اُن کو پڑھنے کی یا اُن کی شخصیت کو جاننے کی۔

کالج شروع ہوا۔ جوانی آئی۔ علی گڑھ کا ماحول مِلا۔ بیت بازیوں میں شرکت کی۔ اب کچھ اشعار دادا کے پتہ چلے۔ جن میں یہ دو نُمایاں تھے:

اَسیرِ پنجۂ عہدِ شباب کرکے مُجھے
کہاں گیا مرا بچپن خراب کرکے مُجھے

اور

وقت مجھ پر دو کٹھن گذرے ہیں ساری عمر میں
اِک ترے آنے سے پہلے اِک ترے جانے کے بعد

اِسی دور میں میری مُلاقات ایک نہایت اَدب شناس اور مُخلص دوست جناب اسلم قِدوائی سے ہوئی۔ یہ بات غالباً ۱۹۶۴ء یا ۱۹۶۵ء کی ہے۔ اُنھوں نے میرے دادا جناب مُضطر خیرآبادی کی بحرِ طویل سے مجھے واقف کرایا۔ اُن کا یہ احسان کبھی نہ بھولوں گا کیونکہ نہ صرف یہ میرے لئے ایک بہت بڑی ادبی تعلیم تھی بلکہ میری fledgling self-esteem کیلئے ایک نہایت پُراثر نُسخہ بھی۔ یہ اس لئے کہہ رہا ہوں کہ زبانی یاد کرلینے کے بعد میں نے کتنی ہی محفِلوں میں دادا کی بحرِ طویل سنائی اور ڈھیروں تعریفیں سُنیں۔ آج بھی زبانی یاد ہے اور ذرا سے اِصرار پر خوشی خوشی سُنا سکتا ہوں۔

دوسرا موڑ اِس سفر میں تب آیا جب واشنگٹن ڈی۔سی۔ کی ایک دُکان سے میں نے ہندوستانی گلوکار چندن داس کا ایک ریکارڈ خریدا جس میں مُضطر صاحب کی ایک غزل بھی شامل تھی۔ اُس کے دو اشعار مجھے بےحد اچھے لگے اور وہ یہ تھے۔

علاجِ دردِ دِل تُم سے مَسیحا ہو نہیں سکتا
تم اچھا کر نہیں سکتے، میں اچھا ہو نہیں سکتا

تمھیں چاہوں، تمھارے چاہنے والوں کو بھی چاہوں
مرا دِل پھیر دو، مجھ سے یہ جھگڑا ہو نہیں سکتا

لیکن دادا کی شاعری پر ناز کا یہ دور transient نِکلا۔ زندگی کی مصروفیات اور ڈاکٹری کی پریکٹِس نے دل و دماغ کو قیدی بنا رکھا تھا۔ بقولِ مجاز

''زندگی منتظر ہے مُنھ پھاڑے''

تو بھئی ہم بھی اس کا شِکار ہو گئے اور خاندانی سُخن وری کے فن اور تاریخ سے بیگانے۔ اسی طرح دس پندرہ سال اور گذر گئے۔

اب اِس ڈرامے میں میرے بھائی جاوید اختر داخل ہوتے ہیں۔

جاوید جو ہندی فلموں کے ایک جُغادری مُکالمہ نگار اور گیت کار ہونے کے علاوہ بذاتِ خود ایک معتبر شاعر اور ہر سماجی definition سے ایک ''بڑے آدمی'' ہیں انھوں نے مُضطر صاحب کا تمام کلام (جو ہمارے والد نے جمع کرنا شروع کیا تھا) بے حد اہتمام کے ساتھ ''خِرمن'' کے عنوان سے پانچ جلدوں میں شائع کروایا۔ تقریباً ڈھائی ہزار صفحات پر مُشتمل یہ ادبی ذخیرہ ۲۰۱۵ء میں release ہوا اور اِس کے جشنِ اجرا کی صدارت ہندوستان کے نائب صدر جناب محمد حامد انصاری نے کی۔ خاندانی روایت کے مُطابق اور برادرانہ شفقت کے سبب میرے بھائی نے اس مجموعہ کا ایک Set مجھے بھی بھجوایا۔ لیکن افسوس اور شرم کی بات یہ ہے کہ میری clinical اور academic مصروفیات نے مجھے اتنا وقت نہ دیا کہ میں ٹھیک سے اُس کا مُطالعہ

کرسکوں اور مُجلّد کتابوں کا یہ خوش جمال Set میرے گھر میں سجے فرنیچر کا ایک piece بن کر رہ گیا۔

اب آتا ہے ۲۰۲۳ء یعنی آج سے کوئی ڈیڑھ سال قبل۔ مجھے خیال ہوا کہ میں نے اپنے والد اور ماموں پر جو مضامین لکھے ہیں اُن کو ایک چھوٹی سی کتاب کی شکل دے دُوں۔ تو سوچا کہ بھائی بھی تو مقبول زمانہ شاعر ہیں اُن پر بھی کچھ لکھوں۔ سو وہ کیا۔ لیکن خِلش رہ گئی کہ دادا پر اس کتاب میں کیوں کچھ بھی نہیں ہے۔ اس تڑپ نے اور اس ذمّے داری کے اِحساس نے مجھے مجبور کیا کہ میں اُن کو پڑھوں اور کچھ اُن کے بارے میں بھی اس کتاب میں شامل کروں۔ جب ایسا کیا تو اور بھی اچھے اچھے اشعار پڑھنے کو مِلے۔ خصوصاً یہ چار تو مجھے بہت پسند آئے۔

مِرے گناہ زیادہ ہیں یا تِری رحمت
کریم تو ہی بتا دے حساب کر کے مجھے

اب اس سے بڑھ کے کیا ناکامیاں ہوں گی مقدر میں
میں جب پہونچا تو کوئی بھی نہ تھا میدان محشر میں

عمر سب ذوقِ تماشا میں گذاری لیکن
آج تک یہ نہ کُھلا کس کے طلبگار ہیں ہم

میں خواب میں پھرتا ہُوں تجسّس میں تمہارے
سوتا ہوں، مگر دشت نوَردی نہیں جاتی

مزید مطالعے سے مُضطر صاحب کے شاعرانہ مزاج اور اُن کے literary accomplishments کے بارے میں تین باتیں مجھ پر ہلکے ہلکے واضح ہوئیں اور اُن تین باتوں پر اب آپ کی توجہ چاہتا ہوں۔

وُسعتِ تخلیق

مُضطر صاحب نے شاعری کے ہر میدان میں نہ صرف قدم رکھا بلکہ جہاں جہاں گئے وہاں وہاں مہارت حاصل کی۔ نعتیہ کلام بھی کہا اور رومانوی بھی۔ قصیدے بھی لکھے اور مثنوی بھی۔ سنجیدہ اور بُردبارسُخن بھی پیش کیا اور ہجو بھی۔ اپنے والد جاں نثار اختر کی زبان میں کہوں تو یوں ہوگا کہ مُضطر صاحب کی ''شاعری غزلوں تک ہی محدود نہ تھی۔ وہ ہر صنفِ سخن پر قادِر تھے۔ قصیدے، قطعات، خمسے، تضمین، چہار بیت، نوحے، تاریخ، غرض آپ نے سب کچھ کہا ہے۔''

غالباً کچھ اور شعرا بھی ہوں جن کے بارے میں یہ سب کہا جا سکتا ہے لیکن ذرا آگے پڑھیے تو آنکھیں کھلی کی کھلی رہ جاتی ہیں۔ مُضطر صاحب نے کئی نثری تصانیف محافلِ میلاد اور مجالسِ مُحرّم کے لئے لکھیں۔ ان کے علاوہ ایک ناول لکھا جو ''قتیلِ جفا'' کے نام سے اُن کی جوانی کے دَور میں شائع ہوا۔ اور بقول جاں نثار اختر صاحب کے ''مُضطَر صاحب کے لکھے ہوئے دو ڈرامے ''انجامِ صبر'' اور ''رازِ وحدت'' اُن کی حیات میں اسٹیج بھی ہوئے تھے۔ چند اور ڈرامے ''سہرے کے پھول''، ''رفیق بیوی'' اور ''عزیزِ مصر'' بھی لکھے جو نا تمام ہیں۔''

زُود گوئی

کچھ شاعر حضرات شعر کہنے میں کافی وقت لگاتے ہیں اور کچھ نہایت تیزی سے لکھ دیتے ہیں۔ مُضطَر صاحب اس دوسری category کو represent کرتے ہیں۔ ایک بار پھر اپنے والد جاں نثار اختر صاحب کو quote کروں گا۔ ''مُضطَر کی شاعرانہ صلاحیت اور زُود گوئی کا وہی لوگ اندازہ کر سکتے ہیں جن کو اُن کے ساتھ رہنے یا اُٹھنے بیٹھنے کا اتفاق ہوا ہو۔ اُن کے لئے دس مختلفُ الاوزان بحروں میں مختلف ردیف قافیے کے ساتھ بیک وقت شعر کہنا اتنا ہی آسان تھا جیسے دس غزلوں سے کسی کے لئے متواتر ایک ایک شعر پڑھتے رہنا۔ اُن کی زُدو گوئی کا یہ عالم تھا کہ چاہتے تو شعروں میں مسلسل گفتگو کر سکتے تھے۔'' ایک محفِل میں پہونچے تو عِلم نہ تھا یہ محفِل مشاعرہ ہے۔ لیکن جب جنابِ صدر کے اصرار پر غزل سُنانا شروع کی تو یوں کہ جب تک لوگ اُن کے پہلے شعر کی تعریف کرتے تب تک وہ اگلا شعر کہہ لیتے۔ اس طرح پوری غزل فی البدیہہ کہہ کے مشاعرہ لُوٹ لیا۔

قادِرُ الکلامی

مُضطَر صاحب کو نہ صرف تمام اصنافِ سُخن پر مہارت حاصِل تھی، اُن کو زبان کی تاریخ، معنویت، لچک اور چاشنی، فارسی کی تراکیب، عربی کا وقار اور تُرکی کی روانی۔ اِن تمام پہلوؤں پر قُدرت تھی اور میرے بھائی جاوید اختر نے ''خِرمن'' کے پیش لفظ میں نوٹ کیا ہے کہ ''مُضطَر نے ہندی میں بھی شاعری کی ہے۔ اُن کے دوہے،

کجریاں، ہوریاں، بھجن اور گیت بھی مقبولِ عام ہوئے ہیں۔'' یہ بات ضرور impressive ہے لیکن مضطر صاحب کی قادرُالکلامی کا ثبوت اُن کی بحرِ طویل سے بڑھ کر کہیں نہیں مِلتا۔ ایک ٹکڑا (جو دراصل غزل کا ایک مصرع ہے) پیش کر رہا ہوں۔ دیکھئے اور خود ہی فیصلہ کیجئے:

''میں یہی سوچ رہا تھا اُسے کیوں ہم نے دیا دِل، ہے جو بے مہری میں کامل، جسے عادت ہے جفا کی، جسے چِڑھ مہر و وفا کی، جِسے آتا نہیں آنا، غم و حسرت مِٹانا، جو سِتم میں ہے یگانہ، جسے کہتا ہے زمانہ بُتِ بے مہر و دغاباز، جفاپیشہ فسوں ساز، ستم خانہ برانداز، غضب جس کا ہر اک ناز، نظر فِتنہ مژہ تیر، بلا زُلف گرہ گیر، غم ورنج کا بانی، قلق ودرد کا مُوجد، ستم اور جَور کا اُستاد، جفاکاری میں ماہر، جو ستم کش و ستم گر، جو ستم پیشہ ہے دلبر، جسے آتی نہیں اُلفت، جو سمجھتا نہیں چاہت، جو تسلی کو نہ سمجھے، جو تشفی کو نہ جانے، جو کرے قول نہ پورا، کرے ہر کام ادُھورا، یہی دن رات تصور ہے کہ ناحق اُسے چاہا، جو آئے نہ بلائے، نہ کبھی پاس بِٹھائے، نہ رُخ صاف دِکھائے، نہ کوئی بات سنائے، نہ لگی دل کی بُجھائے، نہ کلی دِل کی کھِلائے،

نہ غم و رنج گھٹائے، نہ رہ و رسم بڑھائے، جو کہو کچھ
تو خفا ہو، کہے شکوے کی ضرورت، جو یہی ہے تو نہ چاہو،
جو نہ چاہوگے تو کیا ہے، نہ نباہوگے تو کیا ہے، بہت
اِتراؤ نہ دل دے کے، یہ کِس کام کا دِل ہے، غم و اندوہ
کا مارا، ابھی چاہوں تو رکھ دوں اسے تلوؤں سے مسل کے، ابھی
مُنھ دیکھ کے رہ جاؤگے، ہَیں، اِن کو ہوا کیا کہ مرا دل لے کے مرے
ہاتھ سے کھویا۔''

مُضطَر صاحب کے اس ایک مصرعے نے یقین ہے کہ آپ کو اُن کی قادِرُالکلامی کا قائل کر دیا ہوگا۔ سو بھئی یہ ہے tripod اِس ذخیرۂ ادب کا: وُسعتِ سخن، زُود گوئی اور قادرُالکلامی۔

اِختِتام

بات یہاں ختم نہیں ہوتی کیوں کہ نہ تو ایک شاعر کا سفر اُس کی موت پر ختم ہوتا ہے اور نہ ہی ایک باپ کا۔ اثرات رہ جاتے ہیں۔ یادیں اگلی نسلوں کے کرداروں میں جھلکتی ہیں۔ صدائے دِل کی بازگشت بیٹوں اور پوتوں کی آواز میں سنائی دیتی ہے اور مُضطَر صاحب کے ساتھ بھی ایسا ہی ہوا۔

اُن کے ادبی ذوق اور مہارت کی تمام خوبیاں مِرے والد جاں نثار اختر، میرے بھائی جاوید اختر اور میرے creative output میں پنہاں بھی ہیں اور عیاں بھی۔

ہم تینوں نے بہت لکھا ہے، بہت تیز لکھا ہے اور طرح طرح کے genres میں لکھا ہے جس میں نثر بھی شامل ہے اور نظم بھی ہے۔ جس میں اُردو بھی شامل ہے اور ہندی اور انگریزی بھی، جس میں غزل کے علاوہ قطعات، طویل نظمیں، گیت، بھجن اور تضمین بھی شامل ہیں۔ زُود گوئی کی کہوں تو بتاؤں گا کہ مِرے والد نے بیگم اختر کے گانے کیلئے ایک تازہ غزل کوئی پانچ منٹ میں کہی اور ایک فلمی گانے کیلئے سَو انترے (یعنی چار سو مصرعے) کوئی دو گھنٹوں میں لکھے۔ میرے بھائی جاوید نے اپنا بے حد مقبول گانا ''تم کو دیکھا تو یہ خیال آیا'' گنتی کے نو منٹ میں لکھا اور خود میں نے اپنی تمام غزلیں پانچ چھ منٹ میں ختم کی ہیں اور Athens کے اور لندن کے Heathrow ایئرپورٹ پر آٹھ آٹھ دس دس صفحات کے serious مضامین ایک ایک گھنٹے میں لکھے ہیں۔

وُسعتِ سُخن کی بات کروں تو اپنے والد اور بھائی جاوید اختر کی مثال دوں گا۔ غزل، نظم، گیت، بھجن، مرثیے، مکالمے، فلمی اسکرین پلے، اُردو ادب کی تاریخ پر مضامین۔ کیا کچھ نہیں لکھا ہے ان دونوں نے۔ اگر immodesty کا الزام نہ لگائیں تو بتاؤں کہ یہ کتاب جو آپ پڑھ رہے ہیں یہ میری ایک سو بارہویں کتاب ہے۔

قادرُ الکلامی کے بھی بہت نمونے ہیں۔ میرے والد اور میرے بھائی literary output میں لیکن یہاں suffice کروں گا جاوید کے غیر فلمی گیت Breathless پر اور فلم ''یوگا ندھر'' میں اُن کے لکھے بھگوان کرشن کے اَن گِنت ناموں کی ایک گیت مالا کے ذکر پر۔ یہ دونوں تخلیقی عمل مضطر صاحب کی legacy ہیں کہنا مبالغہ نہ

ہوگا۔ اور بھی بہت مثالیں ہیں اور مجھے یقین ہے کہ جو کچھ میں نے اِس کتاب میں اپنے والد اور اپنے بھائی پر لکھا ہے اُس میں آپ کو مُضطر صاحب سے continuity ضرور نظر آئے گی۔

آخری بات یہ کہ میں نے مُضطر صاحب کے کلام کو پڑھنا اس لئے شروع کیا تھا کہ اس مضمون کے لئے مَواد چاہیئے تھا۔ کیا خبر تھی کہ جذباتی اور ذہنی آگہی میں بھی اضافہ ہوگا اور خاندانی وراثت کی قدر بھی دل میں بڑھ جائے گی۔ اپنے اس enrichment کا اظہار مُضطَر صاحب کا ہی ایک شعر سُنا کے کرتا ہوں۔

خُدا کی دین کا موسیٰ سے پوچھیئے احوال
کہ آگ لینے کو جائیں، پیمبری مِل جائے

• • ● • •

میرے ماموں

مجازؔ لکھنوی

(1911-1955)

جو ڈوبتے کا سہارا بَنا تھا وہ تِنکا
بس اگلے پل ہی مُقدّر کے آبشار میں تھا

سلمان اختر

اَدبی تصانیف

- آہنگ (۱۹۳۸)

(۱)

تین دائروں کا شاعر

اسرار الحق مجاز لکھنوی

مجاز لکھنوی

مجاز

ایک شاعر کے نام کو اس طرح مختصر کرتے جانا فقط ایک lexical gamesmanship نہیں ہے۔ یہ تین نام ہیں تین concentric circles کے جو ہمیں اس کم گو مگر اہم شاعر کی شخصیت اور شاعری دونوں سے ہی متعارف کرواتے ہیں۔ ابتدائی اور وسط بیسویں صدی کے مسلمانوں کا ایک گنگا جمنی طبقہ، لکھنؤ کی باوقار روایتیں اور انسان کا حقیقت اور illusion کے درمیان suspended وجود، ایک ایک کر کے ہمیں ان تین دائروں میں ملتے ہیں۔ مجاز کی شخصیت اور شاعری انہی تہوں میں جڑی بندھی ہے۔

اِس سے قبل کہ کچھ اور کہوں یہ بتا دینا لازم ہے کہ مجاز میرے ماموں تھے۔ لیکن یہ بھی کہنا ہے کہ خون کا یہ رشتہ میرے ان چند الفاظ کے لکھنے میں نہ تو کوئی خاص مددگار

ثابت ہو رہا ہے اور نہ ہی کوئی hindrance بن رہا ہے۔ بات یہ ہے کہ میں محض نَو سال کا تھا جب مجاؔز کا انتقال ہوا، لہٰذا اُن کے بارے میں جو مجھے کہنا ہے وہ ذاتی تجربے، سُنے سُنائے قصوں، اور ایک psychoanalyst کے مشاہدے کا مرکب ہے۔ان باتوں کو تاریخ دانوں، journalists اور وکیلوں کے magnifying glass سے نہ دیکھیں، انھیں محرّم کے افسردہ حلوے کی یاد اور برہ کے گیت کی طرح دِل میں اُتر جانے دیں۔

مجاز کے cultural and personal background کے بارے میں میری خالہ حمیدہ سالم نے ''جگّن بھیا'' کے عنوان سے جو مضمون لکھا ہے اُس سے مقابلہ کرنے کا احمقانہ جُرم میں نہیں کروں گا۔ جب تک اُردو زبان زندہ ہے اُس مضمون کا panoramic expanse اس کی emotional depth اور اس کی literary تابناکی برقرار رہے گی۔ پھر بھی ایک دو باتیں اپنی طرف سے کہنا چاہتا ہوں۔

پہلی یہ کہ مجاؔز ابتدائی بیسویں صدی کے جس مسلمان طبقے سے اُبھرے وہ کئی تضادوں کا سامنا کر رہا تھا اور یہ تمام تضاد اُن کے مزاج، اُن کے رہن سہن اور اُن کے کلام کا حصہ بن گئے۔ سوچیۓ ذرا ایک طرف سویا ہوا سا رُدولی کا گاؤں اور دوسری طرف جاگتی اور جگمگاتی سڑکوں والے لکھنؤ، دِلّی اور بمبئی۔ ایک طرف حافظ وخیام کی دانشورانہ legacy اور دوسری طرف حضرت گنج کے Coffee House کے چُست لطیفے۔ ایک طرف قرآن اور اذان کی سنجیدہ تاکیدیں اور دوسری طرف مے کشی اور محفل یاراں کی ہاؤ ہُو۔ ایک طرف زمین داری کی بخشی ہوئی شرمیلی تہذیب اور دوسری طرف

ترقی پسند تحریک کا بُلند احتجاج۔ یہ تمام contradictions ہمیں مجاز کی شخصیت میں بھی ملتے ہیں اور اُن کے creative output میں بھی۔

بتائیے کس اُردو شاعر سے آپ واقف ہیں جو بچوں کے ساتھ وقت گزارنے کو سچ مُچ enjoy کرتا ہو؟ میں ایک عام اور transient idealization کی بات نہیں کر رہا ہوں، میرا اشارہ ایک meaningful relationship کی طرف ہے۔ مجاز کے اپنے بچے تو نہیں تھے لیکن وہ اپنے اندر کے بچے سے ایک نہایت regular and pleasant contact میں تھے اور شاید اسی لئے وہ گھر کے تمام بچوں کے ساتھ باتیں بھی کرتے تھے، انھیں تصویریں بنا کے بھی دیتے تھے۔ سڑک کے vendors سے چاٹ خرید کر بچوں سے share بھی کرتے تھے اور اُنھیں پیڑوں پر چڑھنا بھی سکھاتے تھے۔

ایک اور مزے کی بات سُنئے۔ مجاز ایک athelete بھی تھے۔ جب چھوٹے تھے ہائی جَمپ اور لونگ جَمپ کی باقاعدہ practice کرتے تھے۔ بڑے ہوئے تو ہاکی اور ٹینِس کھیلنا شروع کی۔ بعد میں میرے ساتھ اور گھر کے مزید بچوں کے ساتھ انھوں نے خوب کرکٹ کھیلی۔ غمِ دل اور وحشتِ دل کا مارا یہ اُداس شاعر ایک عمدہ fast bowler بھی تھا۔ کہئے ہے کوئی اس کی مثال؟

اب ایک دو observations اُن کے کلام کے بارے میں۔ بچپن میں اُن کے اشعار یاد تو تھے مگر ظاہر ہے کہ سمجھ سے باہر تھے۔ کچھ بڑے ہونے کے بعد بیت بازیوں کے کُرکشیتر میں ماموں نے کرشن بن کر راستہ دکھایا۔ لیکن جب

psychoanalyst بننے کے بعد اُن کی شاعری کو پڑھا تب جا کے اُس کے راز کھلے۔ معلوم ہوا کہ مجاز کی شاعری ایک پُل ہے جو sensuality کو thought سے personal کو political سے اور child-like wonder کو existential angst سے connect کرتا ہے۔ چند مثالیں حاضر ہیں۔ دیکھئے:

پھر چلی ہے ریل اسٹیشن سے لہراتی ہوئی
نیم شب کی خامشی میں لوریاں گاتی ہوئی

ابتدائی بیسویں صدی کے لوگوں کیلئے اور خاص طور پر گاؤں میں پلے بڑھے ایک بچے کیلئے اسٹیشن اور ریل mechanical wonder تو تھے ہی لیکن سماجی اور سیاسی زندگی کے جمود و حرکت کے modern emblems بھی تھے۔ history کے اس transformative movement کی anxiety کو نیم شب میں سُنی ماں کی لوریاں ہی سنبھال سکتی تھی۔ مجاز اس رمز سے واقف تھے اور یہ بڑے کمال کی بات ہے۔

اُن کی اِس نظم میں جو sense of discovery اور جو growing unease دبا دبا اظہار پاتی ہے وہ ''آوارہ'' میں Edward Munch کی پینٹنگ The Scream کی طرح ear piercing بن جاتی ہے۔

جی میں آتا ہے کہ مُردہ چاند تارے نوچ لُوں
اس کِنارے نوچ لوں اور اُس کنارے نوچ لوں

ایک دو کا ذکر کیا سارے کے سارے نوچ لُوں
اے غمِ دِل کیا کروں، اے وحشتِ دِل کیا کروں

لیکن اس restlessness کا راج تمام نظم پر نہیں ہے۔ سلیس فنکاری، intriguing علامتوں اور watercolor paintings کی نرمی بھی اس نظم میں موجود ہے۔

اِک محل کی آڑ سے نکلا وہ پیلا ماہتاب
جیسے مُلّا کا عمامہ جیسے بنئے کی کتاب
جیسے مُفلس کی جوانی جیسے بیوہ کا شباب
اے غمِ دِل کیا کروں اے وحشتِ دل کیا کروں

''آوارہ'' کے اس بند پر اگر M.F.Hussain نے تصویر نہیں بنائی تو نظم کا شاعر اور اُس کے قاری ہی محروم نہیں ہوئے، خود مصور بھی محروم رہ گئے۔

چلیئے آگے بڑھتے ہیں۔

مجاز کی شاعری میں عورت کا جو portrayal ہے وہ کتنا multifaceted ہے، اُس کا بیان آسان نہیں ہے۔ یہ سچ ہے شاعر کی نظر اور اُس کے social era کو reflect کرتے ہوئے یہ عورت سب سے پہلے تو demure ہے:

اِک محفلِ رنگیں میں وہ گھبرائی ہوئی سی
بیٹھی ہے عجب ناز سے شرمائی ہوئی سی

لیکن نسوانیت کا یہ پہلو تصویر کا صرف ایک رُخ ہے۔ اس عورت میں pride اور confidence بھی ہے بلکہ اتنا کہ تھوڑا intimidating لگنے لگتا ہے۔

مری حکمرانی ہے ساری زمیں پر
یہ تحریر تھا صاف اُس کی جبیں پر

نسوانیت یہاں بھی ختم نہیں ہوتی۔ بقول فیضؔ یہی۔

سنگِ مرمر سے تراشے ہوئے برفاب سے جسم

جب spontaneity کے طلسم سے پگھلتے ہیں تو مجاز کی شاعری مشہور فرانسیسی آرٹسٹ Monet کی بنائی پانی کی لہروں کا مقابلہ کرتی ہے۔

ہنسی اور ہنسی اس طرح کھِلکھِلا کر
کہ شمع حیا رہ گئی جھِلملا کر

اِن دو مصرعوں میں جو سامع اور نظر کا confluence ہے اُس کا اُردو شاعری میں کہیں اور ملنا مشکل ہے۔ لیکن ''نورا'' کے اس شعر میں جو implied message ہے، وہ الفاظ کی سُندرتا سے بڑا ہے۔ اس message میں اعتراف ہی نہیں بلکہ female sexuality کا encouragement ہے۔ دھیان سے دیکھئے گا تو پتہ چلے گا کہ عورت کی جنسی خواہش ایک شوخ burst of laughter کے چِلمن کے بہت قریب کھڑی ہے اور اس سچ کو مدِّ نظر رکھتے ہوئے کیا حیرت کہ سماجی level پر مجاز عورت کو exhort کرتے ہیں کہ وہ اور بہادر بنے، اور کُھل جائے اور assertive ہو۔

تیرے ماتھے پہ یہ آنچل بہت ہی خوب ہے لیکن
تو اس آنچل سے اک پرچم بنالیتی تو اچھا تھا

لیکن مجاز کی شاعری industrial revolution کے ریل اور اسٹیشن کی مظہر اور یورپ اور امریکہ کے feminist movement کی precursor ہی نہیں، نفسیات کی بُھول بھلیوں کی tour guide بھی ہے۔ یہ اُن کے کلام کا تیسرا اور ذاتی concentric circle ہے اور اس level پہ ہمیں اُن کے اندر Freud اور Klein کا personal sense of responsibility ملتا ہے۔

کچھ تمہاری نگاہ کافر تھی
کچھ مجھے بھی خراب ہونا تھا

اور اس سے زیادہ سفاک ہیں اُن کے نظم ''اعتراف'' کے یہ مصرعے:

مجھ سے ملنے میں اب اندیشۂ رسوائی ہے
میں نے خود اپنے کئے کی یہ سزا پائی ہے

لیکن اس insight کے ساتھ ساتھ ایک existential dilemma بھی ہے۔

بتانے والے وہیں پر بتاتے ہیں منزل
ہزار بار جہاں سے گزر چکا ہوں میں

اور اس سے کہیں زیادہ explicit

زندگی ساز دے رہی ہے مجھے
سحر و اعجاز دے رہی ہے مجھے
اور بہت دُور آسمانوں سے
موت آواز دے رہی ہے مجھے

اب اور کیا کہوں سوا اس کے کاش یہ نہایت وضع دار اور شرمیلا انسان، یہ destructive حدتک شرب کا رسیا، یہ بچوں سے محبت کرنے والا sportsman، یہ چلتی ہوئی ریل گاڑی میں ہزار symbolism بسا دینے والا فنکار، یہ Monet اور Hussain کا potential muse، یہ مسائلِ تصوف کا exponent، یہ مری ماں کا بھائی، کاش یہ آسمانوں سے آتی ہوئی اس آواز کو جو اُسے موت کی طرف بُلا رہی تھی، اتنی جلدی نہ سنتا۔ کاش ایسا نہ ہوتا۔ کاش جو مجمعٔ رنگیں میں شرمائی ہوئی بیٹھی تھی وہ اُٹھ کر مجاز کا ہاتھ تھام لیتی یا کوئی مُطرب بزم دلبراں ساز اُٹھا کر مجاز کو distract کر لیتا یا ہم گھر کے بچے ہی کچھ کرتے۔ شور مچاتے ماموں صاحب کرکٹ کھیلیں گے؟ ماموں صاحب بھگوتی سے آلو کی ٹکیا لے کے آئیں؟ ماموں صاحب آپ کو گھوڑے کی تصویر بنانا آتی ہے؟ ماموں صاحب، ماموں صاحب۔

مگر ایسا نہ ہوا۔ ہوا یہ کہ شاعر کا دل محزوں کسی طرح سے تسکین نہ پا سکا اور اس کی زندگی لحظہ بہ لحظہ مختصر ہوتی گئی۔ یہاں تک کہ پانچ دسمبر ۱۹۵۵ء کو مجاز اس دُنیا سے رخصت ہو گئے اور آج تقریباً ساٹھ سال بعد میں ایک تخلیقی کنیا کماری کے جنوبی ساحل پھر کھڑا دیکھ رہا ہوں، تین سمندروں کو جو الگ الگ بھی ہیں اور ایک دوسرے میں گھل مِل بھی گئے ہیں۔ تینوں کی اپنی تاریخ ہے، اپنی آواز ہے، اپنا سبھاؤ اور سمسکار ہے۔

اسرار الحق مجاز لکھنوی

مجاز لکھنوی

مجاز

(۲)

اِک مُضطرب زندگی اور اِک پُر اسرار موت

مجاز کے انتقال کو ایک مہینہ ہی گذرا ہوگا کہ اُردو ادب کے اُفق پر ایک نہایت درخشاں اور معنی خیز ستارہ اُبھرا۔ بجائے انسانی پیکر کے اس روشن وجود کی نوعیت تھی ایک ادبی مضمون کی۔ اِس کا عنوان تھا ''جگن بھیّا'' اور اِس کی مُصنف تھیں مجاز کی چھوٹی بہن محترمہ حمیدہ سالم۔ ذاتی اور خاندانی تفصیلات سے پُر، سماجی پس منظر سے گہری واقفیت رکھنے والا، Loss کے درد سے کانپتا تھرتھراتا، مُحبت سے بھرپُور، اور زبان کی چھوٹی بڑی nuances کو سنبھالے ہوئے، حمیدہ سالم کا یہ مضمون اب اُردو ادب کا ایک لافانی عُنصر بن چکا ہے۔ علی سردار جعفری نے میرے والد جاں نثار اختر کی مشہورِ زمانہ نظم ''آخری لمحہ'' کا تبصرہ اس جُملے پر ختم کیا ہے: ''جب تک اُردو زبان زندہ ہے، ان اشعار کی تابناکی کم نہ ہوگی''۔ یہی بات میں اپنی خالہ حمیدہ سالم کے مضمون ''جگن بھیّا'' کے بارے میں اعتماد سے کہہ سکتا ہوں۔

اس تمہید کو اُٹھانے کا ایک مقصد یہ بھی ہے کہ میں اس مضمون سے کافی کچھ borrow کروں گا یہاں تک کہ میں اپنے اس piece کا آغاز وہاں سے کرتا ہوں جہاں میری خالہ نے اپنا مضمون ختم کیا تھا۔ کہتی ہیں:

''آخر ایک دن سب نے سُن لیا کہ مجاز مر گیا۔ پتھروں پر سِسک سِسک کر، ٹھنڈ میں ٹھٹھر ٹھٹھر کر۔ یہ مجاز کی موت تھی۔ فنکار کی موت، شاعر کی موت، کہانی پوری ہوئی۔ ڈرامہ ختم ہوا۔ پردہ گر گیا۔ پر ایسا کیوں ہوا، ایسا کیسے ہوا، یہ خلش یہ کھٹک ہر حسّاس دل و دماغ میں باقی رہ گئی۔''

ہاں، یہ سچ ہے کہ چندا ماما کے کردار ویتال کے شو کی طرح اور Flying Dutchman کی بھٹکتی رُوح کے مانند، سوال ہزار اُٹھتے ہیں ذہن میں مجاز کی موت کے بارے میں۔ کیسے ایک خوبرو، مقبول اور ہُنر مند انسان اپنے آپ کو اس دردناک انجام تک لاسکتا ہے؟ کیا ۵ دسمبر ۱۹۵۵ء کی وہ ٹھٹھری ہوئی سرد رات محض ایک uncanny حادثہ تھی؟ یا کیا ایسا تھا کہ مجاز کی self-destructiveness، بےچینی، اور شراب کی excess کے پیچھے ایک طویل اور گہری داستان تھی جس کی تکمیل اُن کی بےوقت اور tragic موت پر ہوئی؟ لیکن ایسا کیوں ہوا؟ اس کا سبب کیا تھا؟

یہ ہے وہ سوال جس پر میری خالہ حمیدہ سالم نے اپنے مضمون کو ختم کیا ہے اور جو مجھ سے ایک پُرانے Aligarian اور BBC سے مُنسلک، ادب نواز صحافی جناب پرویز عالم نے بہ حیثیتِ ایک psychoanalyst کے پوچھا۔ لندن کے نہرو سینٹر میں مجاز کی یاد میں ایک جلسہ تھا۔ وہاں پرویز صاحب نے جب یہ مسئلہ اُٹھایا تو جواب تو میں نے دیا مگر کچھ کمزور سا، کچھ کچا سا۔ بظاہر بات آئی گئی ہوگئی لیکن میرے ذہن میں یہ سوال مُدّتوں گونجتا رہا۔ اس ذہنی جدّ و جہد کا نتیجہ جو نکلا ہے وہ آج میں آپ کے سامنے پیش کر رہا ہوں۔

قبل اِس کے کہ میں اپنے خیالات کا اظہار کروں چار باندھ اس تخلیقی ندی میں ضرور لگا دینا چاہتا ہوں۔ سب سے پہلے تو یہ بات کہ میں مجاز کا سگا بھانجا ہوں (میری والدہ صفیہ اختر اُن کی چھوٹی بہن تھیں) اس لئے غیر ضروری قربت، جذباتیت، مبالغہ اور طرفداری کے الزام سے بری ہونا مشکل پاتا ہوں۔ دوسری بات یہ کہ جب مجاز کی موت ہوئی میری عمر ساڑھے نَو سال تھی۔ اس کا مطلب یہ ہے کہ میرے speculations زیادہ تر second-hand معلومات پر مبنی ہیں۔ بطورِ ماہر نفسیات نہ تو میں نے مجاز کو اِنٹرویو کیا ہے اور نہ ہی میں نے اُن کے مُسرّت آمیز اور اندوہ بخش لمحات میں اُن کو دھیان اور سمجھ بُوجھ کے ساتھ دیکھا ہے۔ رانچی کے mental hospital میں جو اُن کی فائل تھی اُس کو خود جا کر ڈھونڈھنے کی کوشش کی مگر وہ ناکام رہ گئی کیوں اُس کو ایک صاحب چُرا لے گئے تھے اور اُن کا پتہ نہ ملا۔

تیسری اہم بات یہ ہے کہ میرے مجاز کی self-destructiveness پر focus کرنے کا یہ مطلب نہیں ہے کہ میں اُن کی بے انتہا نیکی، معصومیت، تخلیقی صلاحیت، اور خوش مزاجی سے منکر ہوں۔ چوتھی اور آخری بات یہ psychoanalyst ہونے کے ناطے میں کچھ ایسے concepts اور کچھ ایسی language استعمال کروں گا کہ جس سے اُردو ہندی کے عام قاری واقف نہیں ہیں اور یہ پیرائے اظہار اُن پر گراں گذر سکتا ہے۔ یہ تمام interdisciplinary studies کی inherent مجبوری ہے، اس کے بارے میں کچھ نہیں کر سکتا۔

خیر یہ سب تو کہہ لیا، اب چلتے ہیں سچ مچ مجاز کی طرف۔ اِبتدا اُن کی اس رُباعی سے زمین بنانے کے لئے کرتا ہوں:

زندگی ساز دے رہی ہے مجھے
سحر و اعجاز دے رہی ہے مجھے

اور بہت دُور آسمانوں سے
موت آواز دے رہی ہے مجھے

یہ کہنا مُشکل ہے کہ کِس عُمر میں مجاز نے یہ رُباعی لکھی تھی مگر یہ دھیان میں رکھتے ہوئے کہ اُن کی موت ۴۴ سال کی عمر میں ہوئی اور اُس سے قبل وہ کئی مشاعروں میں یہ رُباعی پڑھ چکے تھے، یہ ضرور کہا جاسکتا ہے کہ ان اشعار کی تخلیق غالباً ۳۵ سے ۴۰ سال کی عمر کے دوران ہوئی ہوگی۔ اس انکشاف سے فوراً یہ سوال اُٹھتا ہے کوئی انسان کیوں اس عمر میں اپنی موت کے بارے میں سوچ رہا ہے۔

اگر نقادانہ نرم دِلی سے کام لیں تو یہ کہہ سکتے ہیں کہ بھئی موت شاعروں کے لئے ایک attractive موضوع ہے اور ایک ۳۵۔۴۰ سال کی عمر کے شاعر نے اپنی آنے والی موت کے بارے میں کچھ کہہ دیا تو یہ کوئی بڑی بات نہیں ہے۔ لیکن پھر اس دوسری رُباعی کا کیا جواز؟ آپ خود ہی دیکھیئے:

وقت کی سعی مسلسل کارگر ہوتی گئی
زندگی لحظہ بہ لحظہ مختصر ہوتی گئی

سانس کے پردوں میں بجتا ہی رہا سازِ حیات
موت کے قدموں کی آہٹ تیز تر ہوتی گئی

کیا یہ رُباعی بھی محض اُس شاعرانہ رجحان پر مُضمر ہے جو وجود اور ناوجود کے شامل تصوف کی طرف کلام کو مائل کرتا ہے؟ دل تو نہیں چاہتا مگر اس بات کو تسلیم بھی کرلیا جائے تو پھر مندرجہ ذیل اشعار کا existential حساب کیوں کردیں گے؟

خرمنِ دِل جلا رہا ہوں میں
نقشِ ہستی مِٹا رہا ہوں میں

اور

تمہیں تو ہو جسے کہتی ہے ناخُدا دُنیا
بچاسکو تو بچالو کہ ڈوبتا ہوں میں

اور

سب کا تو مداوا کرڈالا اپنی ہی مداوا کر نہ سکے
سب کے تو گریباں سی ڈالے اپنا ہی گریباں بھول گئے

اور

روئیں نہ ابھی اہلِ نظر حال پر میرے
ہونا ہے ابھی مجھ کو خراب اور زیادہ

میں اور کئی مثالیں دے سکتا ہوں مگر جو point میں highlight کرنا چاہتا تھا وہ اِن اشعار میں اپنی تباہی، بربادی اور موت کی تکرار سے establish ہوگیا ہے۔ تو پتہ یہ چلتا ہے کہ ''نذرِ علی گڑھ'' کی التفات وفخر سے بھرپور، ''نورا'' کی حسن اور

جوانی سے کھیلتی ہوئی اور ''رات اور ریل'' کی child like wonder سے لبریز پیرائے سُخن کے ساتھ ساتھ مجاز کی شاعری میں perpetual طور پر ایک melancholic streak ہے جو اشارہ کرتی ہے نہ صرف اُن کی اپنے آپ کو سنبھال کے رکھنے کی صلاحیت کی کمزوری کی طرف بلکہ ایک magnetic attraction کی طرف جو اُن کی شخصیت میں اس دنیا کو چھوڑ دینے، مرجانے، اور موت کی طرف تھا۔ لیکن اِس سیاہ بخت کشش کی roots کیا تھیں؟ اس سوال کا جواب اُن کی زندگی کا step-by-step جائزہ لینے سے ہوگا۔

اس داستان کی شروعات سمجھنے کے لئے واپس چلئے حمیدہ سالم کے مضمون ''جگن بھیّا'' کی طرف جہاں وہ فرماتی ہیں:

> ''مجاز اکتوبر ۱۹۱۱ء میں مبارک سلامت کی صداؤں کے درمیان پیدا ہوئے۔ اُن سے بڑا ایک بچہ دو ڈھائی سال کی عمر میں ختم ہو چکا تھا، اس لئے یہ بہت لاڈ پیار اور منتوں مُرادوں سے پالے گئے۔ مُحرّم کی ساتویں کو فقیر بنتے، دسویں کو پایک بنتے، ایک کان میں بُندا ڈالا گیا جو سات سال کی عمر میں اجمیر شریف جا کے اُتارا گیا۔ ہر بیماری پر صدقے اُترتے، خیراتیں ہوتیں۔''

دھیان سے پڑھئے مندرجہ بالا الفاظ کو تو آپ پر واضح ہوگا کہ مجاز ایک replacement child تھے۔ یہ designation اُن بچوں کے لئے مخصوص ہے جن کی مائیں اُن سے تب حاملہ ہوتی ہیں جب وہ ایک گہرے اور بے حد غمزدہ

Loss سے گذر رہی ہوتی ہیں اور ایک طرح سے عِدّت یعنی mourning میں ہوتی ہیں۔ تو جب یہ بچہ پیدا ہوتا ہے تو ماں اُس کی ایک نہایت special status دیتی ہے اور بہت زیادہ پیار کرتی ہے، اتنا زیادہ کہ وہ پرستش کے نزدیک ہوتا ہے۔ اس خصوصی اعزاز اور افتخار کا نتیجہ یہ ہوتا ہے کہ وہ بچہ اپنے آپ کو اک شہزادے سا سمجھنے لگتا ہے، اُسے ایسا لگتا ہے کہ تمام دُنیا اُس کو سہولت اور آرام owe کرتی ہے۔

مجاز کو replacement child کے طور پر پیدا ہونے کے علاوہ ماں کی special indulgence ایک اور سبب سے ملی۔ حمیدہ سالم کی زبان میں:

> ''نو سال کے ہوئے کہ اٹھارہ سال بڑے بھائی کا درخت سے گِر کر انتقال ہو گیا۔ پھر کیا تھا ماں اور نانی دیوانے وار اُن کو تمام حوادِث اور خطرات سے بچانے کی ہر ممکن کوشش میں لگ گئیں۔ مجال نہ تھی کہ گھر سے اکیلے باہر قدم نکالیں، ہر وقت ایک نوکر اُن کے ساتھ رہتا تھا۔ عمر کے آخری دن تک کوئی صبح ایسی نہ گذری جب ماں نے اُن کے لئے دو رکعت نماز نہ ادا کی ہو۔ اب سے چھ سات سال تک دو آنے روزانہ اُن کے سرہانے رکھ دیئے جاتے جو صبح خیرات کر دیئے جاتے۔ غرضیکہ اُن کی ہر سانس کے ساتھ ماں کی دعائیں وابستہ تھیں اور ہر قدم کے ساتھ آرزوئیں اور تمنائیں۔''

اِس overprotectiveness نے ایک دو دھاری تلوار کا کام کیا۔ ایک طرف تو اس بے پناہ ''محبت'' نے مجاز کو ایک نوابی فخر و ناز بخشا۔ دوسری طرف ہر وقت کی

protectiveness (اور اُس کے پیچھے چھُپے فکر اور خوف) نے اُنھیں سچّی خود اعتمادی سے (کہ میں زندگی کی سختیوں کو جھیل سکتا ہوں) محروم کر دیا۔ وہ باہر سے مضبوط اور اندر سے کمزور بن گئے۔ ماں کی بے انتہا محبت نے paradoxically اُنھیں یہ message دیا کہ دنیا ظالم ہے اور تم خطروں سے گھِرے ہوئے ہو۔ نازک ہو۔

اب اِس بنیاد پر add کریئے replacement child کی نفسیات جس کے اپنے دو contradictory اثرات ہوتے ہیں۔ ایک طرف تو وہ بچہ جو کسی مرحوم بچے (یا ماں کے کسی اور چہیتے رشتے دار) کو replace کرتا ہے، ماں کا محبوب بن جاتا ہے۔ ایسا لگتا کہ وہ اِک طبیبِ حاذق ہے جو کہ اپنی ماں کے زخم کو بھر دے گا۔ اُس کا وجود ہی کافی ہوگا کہ ماں کا اُجڑا ہوا بے نور دماغ پھر سے جی اُٹھے۔ وہ بذاتِ خود ایک سوغات ہے۔ لیکن اس کا opposite بھی سچ ہے۔ کیوں کہ ماں ہزار چاہے وہ اس بچے میں وہ مرا ہوا شخص نہیں پا سکتی۔ یہ نیا بچہ تو وہ گذرا ہوا بچہ نہیں جسے ماں دل و جان سے miss کر رہی ہے۔ یہ تو ایک consolation prize ہے، ایک جُھوٹی تسلی، ایک کھوکھلی شکلِ تقویت۔ ان باتوں کے سبب وہی بچہ جو نہایت special بھی ہے، worthless بھی پایا جاتا ہے۔ ماں کا دِل بہلاتا بھی ہے اور نہیں بھی۔

ان مُتضادی اثرات کے سبب ایک replacement child کی بُنیادی شخصیت دو حصوں میں بنٹ جاتی ہے۔ مضبوط اور کمزور، خاص سے زیادہ اور عام سے کم، شہزادہ اور فقیر، زندگی کی دلنواز دھڑکنوں سے بھرپور اور موت کی زنجیر سے پابستہ۔ اگر اس طرح کا بچہ ذہین اور باہُنر ہو (جو کہ مجاز بے شک تھے) تو خوبصورتی، ہُنر اور

charm شخصیت کا ڈرائنگ روم بناتے ہیں۔ لیکن دبیز پردوں کے پیچھے کمزور، بیکار اور مرگ آشنا حصہ lurk کرتا ہے۔ انسان دو components میں بنٹ جاتا ہے، ٹوٹ جاتا ہے۔

مجاز ٹوٹے ہوئے دِل کی اِک صدا ہوں میں

یہ چوٹ اپنے مداوے کے لئے ایک ماں کی مطلوب ہوتی ہے۔ لیکن جیسے جیسے عمر بڑھتی ہے، ماں کی تلاش مُشکل سے ناممکن میں تبدیل ہوجاتی ہے۔ ایک محبوبہ، ایک دوست، ایک بیوی ممتا تو دے سکتی ہے مگر سچ مچ کی ماں نہیں بن سکتی۔ اور یہ جو ممتا ملنے اور ماں نہ ملنے کا gap ہے وہ بھر نہیں پاتا، خاص طور پر اُس بالغ انسان کیلئے جس کو بچپن میں ماں سے بے حد پیار بھی ملا ہو۔

ایک اور مُشکل درپیش ہوتی ہے ایسے شخص کیلئے۔ ماں سے شادی کرنے کی خواہش جو عموماً بچوں میں چار پانچ سال کی عمر میں پیدا ہوتی ہے اور چھ سات سال تک غائب ہوجاتی ہے، وہ خواہش overindulged بچے میں گُھٹنے کے بجائے بڑھتی ہے۔ اور اس کا ایک نتیجہ ہوتا ہے کہ adult life میں (جب Sex ذہن و جسم میں پوری طور پر داخل ہوچکا ہوتا ہے) انسان تحتِ شعوری طور پر احساس جرم (unconscious guilt) کا شکار ہوجاتا ہے۔ ایک طرف ماں کو اپنانے کی تمنا اور ایک طرف guilt کے سبب خود کو punish کرنے کی ضرورت۔ انسان غلط اور نادستیاب محبوب نہ ڈھونڈے تو اور کیا کرے۔ دیکھئے مجاز کی بہن کیا کہتی ہیں اس قدم کے بارے میں۔

> ''انھوں نے محبت ایسی گہری، ایسی پائیدار کی کہ آخری لمحہ تک ان کے نام کے ساتھ رہی۔ لیکن قسمت دیکھو، ہاتھ بھی بڑھایا تو شجر ممنوعہ کی طرف۔ دِلّی کے چوٹی کے خاندان کی اکلوتی بیٹی، چنچل، البیلی اور خوبصورت، لاڈو پیار میں پلی، عیش وعشرت کی عادی۔ ایک عدد بھاری بھرکم شوہر کی ملکیت یا مالِک جو بھی سمجھئے۔ یہ بیل منڈھے چڑھتی تو کیوں کر۔''

جسے حمیدہ سالم ''قسمت'' گردانتی ہیں میں اُس کو psychic determinism کہوں گا۔ اس term کا مطلب ہے کہ زیادہ تر ہمارے سوچنے، سمجھنے، محسوس کرنے اور behave کرنے کا طریقہ ہماری نفسیات پر منحصر ہے۔ اتفاق اور حادثے ہوتے ہیں، مگر کم ہی۔ عموماً ان اتفاقات اور حادثات کے پس منظر میں کوئی نہ کوئی گہرا psychological motive کام کر رہا ہوتا ہے۔ یہ بات دھیان میں رکھیں تو کہوں کہ مجاؔز کے بچپن نے انھیں prime کر دیا تھا وہ، بقولِ شاعر لدھیانوی عشق ایسا کریں:

جسے تکمیل تک لانا نہ ہو ممکن

اور آپ خود ہی سوچئے کون تھی وہ ''شجر ممنوعہ'' جسے مجاز پانے کی للک میں تڑپتے رہے اور اپنی اس جرأت رِندانہ پر خود کو punish بھی کرتے رہے؟ کیا ایک شادی شدہ عورت جو معاشی اور سماجی سطح پر آپ سے بڑھ کر ہے childhood oedipal phase کی ماں نہیں ہے؟ یہ سوال ذہن کو لے جاتا ہے اُس عورت کے شوہر کی طرف اور symbolic level پر مجاز کے اپنے والد کی طرف۔ حمیدہ سالم اپنے مضمون میں چودھری سراج الحق کو یوں describe کرتی ہیں کہ وہ تھے:

> ''بہت ہی سنجیدہ، بُردبار، کم سخن، محنتی اور مَرنجِ و مَرنجاں قسم کے انسان جن کی طبیعت پر تصوف پرستی کا رنگ غالب تھا۔''

خود مجھے یاد ہے کہ میرے نانا ایک خاموش طبع کے شریف اور مذہبی انسان تھے۔ میرے ماموں مجاز اُن کی formal طور پر بہت عزت کرتے تھے۔ پھر استعمال کروں گا اپنی خالہ حمیدہ سالم کے الفاظ:

> ''دیوانگی کے دور بھی گذرے لیکن ابا کے سامنے کبھی اُنھوں نے سگریٹ نہیں پی۔ یہاں تک کہ اُن کے سامنے اپنا کلام بھی نہیں سناتے تھے۔''

یہ اُسلوب مجاز کو اپنی روایتوں کے طور پر مِلے تھے۔ لیکن اس خوش شکل اور مُہذب اخلاق کے پیچھے مجاز اپنے باپ کا مذاق بھی اُڑاتے تھے۔ ثبوت کے طور پر حاضر ہے مجاز کا وہ جواب جو اُنھوں نے ایک interviewer کو دیا جس نے پوچھا کہ ''مجاز صاحب آپ کی شراب نوشی اور بے اعتدالی پر آپ کے والدین ناراض نہیں ہوتے؟'' مجاز نے جواباً کہا: ''لوگوں کی اولاد سعادتمندی ہوتی ہے۔ میرے والدین سعادت مند ہیں'' لیکن اس میں حیرت کرنے کی کیا بات ہے۔ آخر کار وہ بچہ جسے ماں سے limitless پیار ملے وہ اکثر باپ کی عزت کرنا بھول جاتا ہے۔ ایسی ماں کا transgression بیج بچے کے ذہن میں بو دیتی ہے۔ بچہ بڑا ہوتا ہے، مرد بن جاتا ہے، اور اُس کو زُعم رہتا ہے کہ وہ ایک ''بھاری بھرکم شوہر'' کی بیوی کو رِجھا سکتا ہے۔ لیکن یاد رہے کہ مشہور فرانسیسی ماہر نفسیات Janine Chassageut-Smirgel نے صاف

صاف declare کیا ہے کہ "a seduced child is a betrayed child"۔ ماں اپنے میاں، یعنی بچے کے والد کو نہیں چھوڑتی۔ بچہ بڑا ہو جائے، ذہین نکلے، دنیا بھر میں شہرت حاصل کرے، ماں اُس سے شادی نہیں کرتی۔ مجاز نے جس ''شجرِ ممنوعہ'' سے عشق کیا وہ خاموش اپنے ''بھاری بھرکم شوہر'' کی ملکیت ہی رہیں تمام عمر۔ نہ میاں کو چھوڑا، نہ مجاز سے شادی کی۔ تو کیا حیرت کہ

یاس کا دُھواں اُٹھا ہر نوائے خستہ سے
آہ کی صدا نکلی بربطِ شکستہ سے

عشق میں نامُراد، زندگی میں ناکام، وہ مجاز جس کے حُسن و انداز پر کبھی علی گڑھ کی لڑکیاں مرتی تھیں، وہی مجاز اب اپنی elegance بھی کھو بیٹھا اور stability بھی۔ وہ split self جو باہر سے مقناطیسی اور پُر مزاح اور اندر سے کم گو اور کمزور تھا اب اسی ذہنی compartmentalisation کو نہ maintain کر پایا۔ اندرونی اُداسی اور محرومی اب restraint کی حدود کو پار کر گئی۔ حمیدہ سالم کے الفاظ میں:

''اُن کے چہرے کی تابانی پر دھیرے دھیرے بے بسی کا پرت گہراتا گیا۔ آنکھ کی دمک کی جگہ اُٹھا گہرائی نے لے لی۔ جس میں اُمیدیں آرزو ہی دفن ہوں اور یاس و محرومی جھانک رہی ہو۔ کِس غضب کی گہرائی تھی ان آنکھوں میں اور کیا پوشیدہ تھا ان میں۔ ایسا لگتا تھا کہ اُن کا دل بُجھ سا گیا ہو۔ جسے اُن میں اُبھرنے کی خواہش باقی نہ رہی ہو۔''

مجاز Humpty Dumpty کی طرح ٹوٹ گئے۔ ممکن ہے کہ اس شکستگی میں genetic predisposition کا بھی کچھ ہاتھ ہوسکتا ہے۔ کیوں کہ اُن کے بزرگوں میں غالباً ایک manic depressive illness (جسے آج کل کی زبان میں bipolar disorder کہتے ہیں) کے شکار تھے۔ اور پھر پامالیٔ دِل اور ذہنی بیماری کی وراثت میں شامل تھا تیسرا عُنصر اور وہ تھا بے حد شراب پینے کا۔ جذباتی کشمکش کو یک گونہ بے خودی میں تبدیل کرنے کے لئے شراب پیتے اور نشے کی حالت میں کی ہوئی غلط حرکتوں سے شرمندگی اور تاسُّف کی کالی دولت پاتے۔ ہلکے ہلکے دَوا زہر بنتی گئی اور آخر کار ایک دن مجاز ''پتھروں پر سِسک سِسک کر اور ٹھنڈ میں ٹھِٹھر ٹھِٹھر کر'' شراب پیتے ہوئے موت کے اندھیرے سمندر میں ڈوب گئے۔

لیکن اب ہم جانتے ہیں کہ اس اَلمیے کا آغاز اُن کی پیدائش کے ساتھ ہی ہوا تھا۔ موت کے سائے میں وِلادت، مرے ہوئے بھائی سے قرض لی ہوئی زندگی پر احساسِ جُرم، دوسرے بھائی کی موت پر remorse، ماں کی over protectiveness سے یہ اندیشہ کہ میں کمزور ہوں اور اپنی حفاظت خود نہیں کرسکتا، ان سب وجوہ نے اُن کے اندر ایک حزن و یاس کی کیفیت ڈال دی تھی۔ اور پھر ایک seductive ماں اور کم گو اور نرم طبع باپ نے وہ ڈرامہ لکھا جس نے مجاز جیسی اولاد کو ایک نہ پاسکنے والی شادی شُدہ ''شجرِ ممنوعہ'' سے عشق پر مجبور کردیا۔ سوچنے بیٹھتا ہوں تو مجاز کا یہ شعر دھیان میں آتا ہے۔

کچھ تمھاری نگاہ کافر تھی
کچھ مجھے بھی خراب ہونا تھا

اپنے آپ سے پوچھتا ہوں کیا یہ شعر ایک محوِ تغافل محبوبہ اور پندار کا صنم کدہ ویراں کر دینے والے عاشق کے رشتے کا مظہر ہے یا اس شعر میں ایک چھوٹے سے بچے کی unconscious awareness بھی شامل ہے کہ اُس کی اپنی ماں اُس کے اندر اپنے حال میں مرے ہوئے بچے کو تلاش کر رہی ہے اور ایسی ماں کو خوش کرنے کا سب سے کامل طریقہ ہے کہ میں بھی مر جاؤں، اُس مرے ہوئے بچے کی طرح ہو جاؤں۔ پتہ نہیں سچ کیا ہے لیکن شاید میرے یہ تمام speculations مجاز کی موت کے اسرار کچھ کھول سکیں۔

ویسے بھی جو کچھ میں نے کہا ہے وہ نِدا فاضلی کے ایک شعر میں مُضمر ہے اور اسی شعر پر میں اپنے اس مضمون کو ختم کر رہا ہوں:

جب تک جئے بکھرتے رہے، ٹوٹتے رہے
ہم سانس سانس قرض کی صورت ادا ہوئے

• ● ⬤ ● •

میرے والد

جاں نثار اختر

(1914-1976)

اپنی تو قبر پر طے ہے کہ یہ کتبہ ہوگا
''اک نہ اک دِل میں تو یہ آدمی زندہ ہوگا''

سلمان اختر

اَدبی تصانیف

طویل نظم کا کتابچہ

- سِتاروں کی صدا (۱۹۵۱)

شعری مجموعے

- سلاسِل (۱۹۴۳، تارِ گریباں کے عنوان سے ۱۹۶۵)
- جاوِداں (۱۹۵۴)
- نذرِ بُتاں (۱۹۶۴)
- گھر آنگن (۱۹۷۱)
- پچھلے پہر (۱۹۷۴)

اِنتخابِ کلام

- خاکِ دِل (۱۹۷۳)

خطوط (خدیجہ اختر کے نام)

- خاموش آواز (۱۹۷۸)

ادبی حِکایات

- ہزار باتیں (۱۹۸۰)

مُرتبہ کتابیں معہ تفصیلی پیش لفظ

- ہندوستان ہمارا (دو جلدیں ۱۹۷۳)
- اُردو غزل کا سفرنامہ (جو ۱۹۷۷ میں فن و شخصیت کی خصوصی نمبر کی شکل میں شائع ہوا)

جاں نثار اختر، میں اور چھ آدمی

اپنے والد مشہور شاعر جاں نثار اختر پر یہ مضمون لکھنے بیٹھا اور ادھر ادھر نظر ڈالی تو پتہ چلا کہ کمرے میں چھ آدمی موجود ہیں۔ تین جاں نثار اختر: ایک معزز اور مقبول شاعر، ایک رنگ برنگی ہندوستانی شخصیت، اور ایک آدھے ادھورے باپ۔ اور تین میں: ایک قاری اردو ادب، ایک امریکن ماہر نفسیات، اور ایک محبت کرنے والا بیٹا۔ اتنی بھیڑ میں تخلیقی کام کرنا ایک کڑا مسئلہ ٹھہرا۔

ایک لمحہ کو خیال تو آیا کہ بُھول جاؤں، نہ لکھوں کچھ بھی۔ لیکن پھر دل کو سمجھایا کہا کہ یہ جو اختر صاحب کا long-awaited revival ہو رہا ہے اس میں اپنی آواز شامل کرنا نہ صرف میرے لئے باعث مسرت ہوگا بلکہ ایک نیک اور ethical ذمے داری کو ادا کرنا بھی۔ یہ بات اور بھی اہم ہو جاتی۔ اگر ہم دھیان میں رکھیں کہ اختر صاحب self promotion کی artful چالاکیوں سے بے نیاز تھے، video اور internet سے پہلے کی چیز تھے، اور اپنے ہمعصر شعرا کی سعادت مند اولاد کے برعکس ایسے رشتہ داروں سے محروم تھے جو ان کے نام کو زندہ رکھ سکیں اور ان کے کلام کو نئی نسلوں سے روشناس کرا سکیں۔ اس سیاہ جرم میں ہمارے خاندان کے کِن کِن لوگوں کا نام آتا ہے یہ تو میں نہیں کہوں گا ہاں خود اپنے آپ کو بھی بے گناہ نہیں پاتا۔ جانتا ہوں کہ۔

جو چپ رہے گی زبان خنجر، لہو پکارے گا آستیں کا

خیر یہ تو ہوا اقرار جرم۔ اب آیا ہے تلافی کا وقت سو مضمون لکھنے کا فیصلہ کیا اور اس فیصلہ کے بعد جن چھ آدمیوں کا ذکر میں نے شروع میں کیا تھا ان میں سے چار کو سمجھا بُجھا کے کمرہ سے نکالا صرف شاعر اور قاری کو رہنے دیا تب جا کر تھوڑا ذہنی آرام ہوا اور لِکھائی شروع کی۔ اس اعتماد سے کہ شاید حالیؔ کہلاؤں اور غالبؔ کی طرفداری کا الزام نہ لگے۔ آخرکار الطاف حسین کو کمرے کے باہر بند کر دیا اور اسد اللہ خاں کے بارے میں کچھ نہ کہنے کی قسم کھائی۔ چلیئے اس لمبی تمہید کے بعد میں پیش کرتا ہوں اختر صاحب کی شاعری کے بارے میں اپنے چار خیال۔

وُسعتِ سخن

بیسویں صدی کے اردو شعرائے کرام میں اصغرؔ گونڈوی، نوحؔ ناروی، جگرؔ مرادآبادی، آنند نرائن ملاّ، نشورؔ واحدی، فناؔ کانپوری، شکیلؔ بدایونی، قتیلؔ شفائی اور بشیر بدر صرف غزل گو رہے ہیں۔ پاکستان میں ن۔م۔ راشد اور ہندوستان میں اختر الایمان صرف نظمیں لکھتے رہے۔ بقیہ اُردو شاعران دو extremes کے بیچ ہیں کوئی اس طرف زیادہ کوئی اُس طرف زیادہ۔ مجاز، علی سردار جعفری اور کیفی اعظمی نے زیادہ تر نظمیں کہی ہیں اور کم لوگ ہی جانتے ہیں کہ اگر ان تینوں شاعروں کی غزلوں کی تعداد جوڑ لی جائے تو ۳۰ سے زیادہ نہ ہوگی۔ مجاز کی غزلوں کے اشعار تو کالج کی بیت بازیوں میں اکثر سنائی پڑتے ہیں۔ خصوصاً یہ۔

بتانے والے وہیں پر بتاتے ہیں منزل
ہزار بار جہاں سے گذر چکا ہوں میں
کچھ تمہاری نگاہ کافر تھی
کچھ مجھے بھی خراب ہونا تھا

مگر سردار جعفری اور کیفی اعظمی کا ایک شعر بھی سامع کی چوکھٹ تک نہیں پہونچتا۔

برعکس ان تینوں شاعروں کے فراقؔ، فیضؔ، جاں نثار اخترؔ، احمد فرازؔ اور ندا فاضلی وہ شعراء ہیں جنھوں نے نظمیں بھی کُھل کے کہی ہیں اور غزلیں بھی ڈھیر سی، مگر اختر صاحب ان پانچوں میں ایک منفرد مقام رکھتے ہیں۔ ان کا خزانۂ سخن سب سے زیادہ ہے اور ان کے literary output کا canvas سب سے وسیع ہے۔ انھوں نے نظمیں کہی ہیں جن میں طرح طرح کی ہیئتوں کا استعمال کیا گیا ہے۔ ایک ایک صفحہ پر مشتمل نظمیں (''تجزیہ'') اور (''تعاقب'')، تین چار سے لے کر آٹھ دس صفحات کی نظمیں (''خاک دل'')، (''خاموش آواز'')، (''امن نامہ'')، (''فریب بہار'')، (''ایک زخم تمنا اور سہی'') اور (''آخری لمحہ'') اور پھر صحیح معنوں میں طویل نظمیں جو کہ بیس تیس بلکہ چالیس صفحات کی ہیں (''دانائے راز'') اور (''ستاروں کی صدا'')۔ یہ آخری نظم الگ کتابچہ کی شکل میں ۱۹۵۰ میں شائع ہو چکی ہے۔

نظم کے سلسلہ میں لمبائی کے علاوہ stylistic range اور ہیئت کے تجربے بھی اختر صاحب کے یہاں اپنے تمام ہم عصر شعراء سے زیادہ ملتے ہیں۔ مثلث بند نظمیں

(''اک زخم تمنا اور سہی'')، مخمس بند نظمیں (''فریب بہار'')، مسلسل چھوٹی بحر کی نظمیں (''امن نامہ'')، ٹیپ کے مصرع سے ایک ایک شعر کو الگ بند کرنے والی نظمیں (''بھولا افسانہ'') اور قدم قدم پر بحر بدلتی ہوئی نظمیں (''آخری لمحہ'') یہ سب ہمیں صرف اختر صاحب کے کلام میں ملتی ہیں اور سچ تو یہ ہے کہ بات صرف نظم کے آنگن تک محدود نہیں ہے اختر صاحب نے بے شمار غزلیں بھی کہی ہیں۔ ان کا آخری مجموعہ کلام ''پچھلے پہر'' تو صرف غزلوں کا ہے مگر ان کی پرانی کتابوں ''سلاسِل'' (جو بجائے ''سنبل وسلاسِل'' کے صرف ''سلاسل'' کے نام سے ناشر کی غلطی سے ۱۹۴۳ میں شائع ہوئی تھی اور پھر Star Pocket Books کے امر ناتھ ورما صاحب نے ۱۹۶۴ء میں جسے ''تارِ گریباں'' کے نام سے چھاپا)۔ ''جاوِداں'' اور ''نذرِ بتاں'' میں بھی بہت سی غزلیں شامل ہیں۔

نظم اور غزل کے علاوہ اختر صاحب نے فلمی گیت بھی لکھے ہیں گیتوں کا formal structure الگ ہی ہے۔ اختر صاحب کو یہ وُسعت کلام ورثے میں ملی تھی۔ ان کے والد افتخار حسین مضطر خیر آبادی (جن کا کلام میرے highly accomplished and renowned بڑے بھائی جاوید اختر نے حال ہی میں بڑے نفاست خیال کے ساتھ مرتب کیا ہے) خود ایک عظیم شاعر تھے جنھیں شاعری کے تمام اصناف جس میں گیت بھی شامل میں پر مہارت حاصل تھی۔ اختر صاحب نے اس خاندانی روایت کو زندہ رکھتے ہوئے کل ۱۵۱ فلمی گیت لکھے اور مقبول زمانہ موسیقاروں نوشاد، او پی نیّر، خیام، ج ے دیو، سی رام چندر کے ساتھ کام کیا۔ گنوانے بیٹھوں تو کتاب لکھنی پڑے گی۔ یہاں صرف ان کے چھ سات گانوں کی یاد دلاتا چلوں۔

- بے چین نظر، بیتاب جگر یہ دل ہے کسی کا دیوانہ (فلم یاسمین)
- آنکھوں ہی آنکھوں میں اشارہ ہو گیا (فلم سی آئی ڈی)
- غریب جان کے تم ہم کو نہ بھلا دینا (فلم چھو منتر)
- بے کسی حد سے جب گذر جائے (فلم کلپنا)
- میں تمہیں سے پوچھتی ہوں مجھے تم سے پیار کیوں ہے (فلم بلیک کیٹ)
- غم کی اندھیری رات میں دل کو نہ بیقرار کر (فلم سوشیلا)
- یہ دل اور ان کی نگاہوں کے سائے (فلم پریم پربت)
- اے دل ناداں آرزو کیا ہے (فلم رضیہ سلطان)

تقریباً ستّر سال پہلے لکھا 'آنکھوں ہی آنکھوں میں اشارہ ہو گیا' والا گانا یقین سے کہہ سکتا ہوں کہ آج سے تیس سال بعد بھی گایا جائے گا۔ سو سال تک کسی فلمی گیت کا مقبول رہنا معاف کیجئے گا کوئی معمولی بات نہیں ہے۔

نظم، غزل اور فلمی گیتوں کے علاوہ اختر صاحب نے قطعات اور رباعیات بھی کہے۔ ان کی کتاب 'گھر آنگن' اسی طرح کی سَو بندشوں پر مبنی ہے اور یہ تمام ازدواجی زندگی کا روپ رنگ بیان کرتے ہیں۔ پچاس شوہر کی زبان میں ہیں اور پچاس بیوی کی۔ اس بات پر آگے چل کے اور کچھ کہوں گا فی الحال یہاں بات ختم کرتا ہوں کہ اپنے تمام ہم عصر شعراء میں اختر صاحب نے سب سے زیادہ genres میں شاعری کی ہے۔ اس ذخیرہ کے آنکھوں کو چکا چوند کر دینے والے اور سحر کن palette سے ان

کی شہرت اور مقبولیت کو فائدہ بھی پہنچا اور نقصان بھی۔ راہی معصوم رضا نے ''فن اور شخصیت'' کے جاں نثار اختر نمبر میں (جو کہ ۱۹۷٦ء میں شائع ہوا تھا) اس بات کے دوسرے پہلو پر روشنی ڈالی ہے لیکن یہ الگ بات ہے اس کو چھوڑیے۔ اب چلتے ہیں اختر صاحب کی شاعری کے دوسرے پہلو کو observe کرنے۔

قادِرُ الکلامی

یوں تو اختر صاحب کی قادر الکلامی ان کی وسعتِ سخن ہی سے مستحکم ہو جانی چاہیے تھی لیکن دو دلیلیں اور پیش کرتا ہوں پہلی یہ کہ اپنی شاعری کے مختلف ادوار سے گزرتے ہوئے ان کی زبان میں مسلسل تبدیلیاں آتی رہیں اور وہ اپنے بنیادی lyricisms کو نئے نئے expressions میں ڈھالتے رہے۔ لگے بندھے metaphor میں اختر صاحب قید نہیں رہے۔ عمر کے آخری دور میں وہ جدید شاعری کی تحریک میں گھل مل گئے اور بیساختہ بولے کہ:

فکر و فن کی سجی ہے نئی انجمن
ہم بھی بیٹھے ہیں کچھ نوجوانوں کے بیچ

اِس عہد میں انھوں نے ایک بالکل نیا diction اپنایا۔ ان کے ہم عصر ادیب اور گہرے دوست ظ انصاری نے اس تبدیلیٔ اظہار کو یوں summarize کیا ہے۔

''نظر، گیسو، خوشبو، نغمہ، سایہ، شاخِ چمن، بوئے گل، گود، ہار، سنگھار، لوچ، لچک، لو، خاموش، ترنم، مے، مینا، چھاگل، پازیب، ستار، بساط، حسین، جوانی، آگ، راگ،

سہاگ، رقص، ساز، مستی، بے خودی، لطافت، بے خواب اور اس قبیل کا غنائی سروسامان تو پہلے سے موجود تھا۔اب اس محفل میں گلیوں اور بازاروں کے رسالوں اور اخباروں کے وہ روزمرہ بھی آبیٹھے جنھیں غزل کی شائستہ محفل سے باہر رکھا جاتا تھا۔ مثلاً کھل جانا، کھلنا، آنے، پیسے، ناول، رومان، دوپٹہ، دھان، برکھا، فٹ پاتھ، ساڑی کی دکان، گھر کے روشن دان، پتیل گلدان، مدھر راگ، اوقات، برباد، جاڑے کی دھوپ، ذہن کتابوں میں دھنس گیا، اخبار کا دفتر، یہ صدی بیٹھ کے سوچنا، مصلحت کے منافی، چہرے پڑھنا، الگ سے سوچنا، حقائق کی چٹانیں، جسم کی شمعیں، پیڑوں کے درمیان، پیار سے ڈرنا، بے چہرہ لگ، ریگ کی کتھا، اتہاس، رام کا بن باس، بدن کی تہذیب، آدمی کا وجود بکھر جانا، بھیک پر گذارہ، پہچانتا ہوا گاؤں، زندگی کا بددعا سا لگنا، افواہ اُڑادی جائے، جاڑے کی گلابی راتیں، سینوں کی برف پگھلنا، درد چمک اٹھنا، تاریک مکان، بیچ راستے میں، لاش، چھالوں کی طرح چند سکّے، شوالوں کی طرح سپنے، صنم سنگ بدن۔"

ظ انصاری کا کہنا ہے کہ یہ الفاظ وتراکیب شاعر اور شعر کے درمیان خلوص کے رشتے کے ضامن ہیں اور صاف ظاہر کرتے ہیں کہ اختر صاحب نہ اپنے تخلیقی رشتے سے بیزار ہوئے اور نہ ہی تجربوں کی ضرورت سے منکر۔

چلئے یہ مسلسل انقلاب اختر صاحب کی قادرالکلامی کی ایک دلیل ہوئی۔ دوسری یہ کہ وہ کسی بھی موضوع، کسی بھی جذباتی کیفیت پر اور کسی بھی ساخت کے اشعار نہایت تیزی سے لکھ سکتے تھے۔ مثال کے طور پر ایک بار ایک فلمی گانے کی situation یہ تھی کہ ایک مندر کے مہنت کو اپنی بیٹی کی شادی کرنی ہے مگر بے چارہ غریب ہے اور سوچ

نہیں پا رہا کہ جو اہتمام کرنے ہیں اس کے لئے پیسے کہاں سے لائے۔ اچانک اس کے ذہن میں خیال آتا ہے کہ وہ مندر میں رکھی ہوئی سونے کی مورتی کو چُرا لے اور اسے بیچ کر اپنی بیٹی کی شادی کر لے۔ اس کا ضمیر ایک طرف تو اس پر لعنت کرتا ہے اور دوسری طرف باپ کی مجبوری کو ہمدردنگاہ سے دیکھتا ہے۔ اسی situation پر اختر صاحب کو گانا لکھنا تھا۔ موسیقی کی sitting چل رہی تھی کہ پروڈیوسر نے کہا کہ اختر صاحب اگر گانا شروع ہونے سے پہلے کوئی پرانا ہندی کا دوہا ہو جو اُس مہنت کی ذہنی الجھن کو سلجھانے میں مددگار ہو تو اُسے background سے پڑھوا دیتے ہیں اس سے یہ scene بے حد impressive ہو جائے گا۔ آپ تو پڑھے لکھے آدمی ہیں ذرا ڈھونڈ یے گا کوئی ایسا دوہا ہماری پرانی کتابوں میں۔ اختر صاحب نے یہ سن کر سگریٹ کا ایک کش لگایا، کوئی ایک دو منٹ خاموش رہے اور پھر بولے کہ ''یہ کیوں نہ رکھ لیں۔''

سوارتھ کے کارن جائے اکارت پوجا بھگتی جاپ
پاپ میں اپنا سوارتھ نہ ہو تو پاپ نہیں ہے پاپ

پروڈیوسر، موسیقار اور دیگر فلمی افراد جو موجود تھے نہایت متاثر ہوئے۔ پروڈیوسر بولا۔ کمال کا حافظہ ہے اختر صاحب آپ کا۔ اتنا مناسب اشلوک فوراً یاد آ گیا آپ کو۔ اختر صاحب نے مسکرا کے جواب دیا۔ یاد نہیں آیا ابھی کہا ہے۔

اب اس سے زیادہ مزے کا قصہ سنئے۔ ایک بار اختر صاحب نئی دہلی کی ایک private محفل میں دیر سے داخل ہوئے۔ انھیں علم نہیں تھا کہ صاحب خانہ نے

مشہور گلوکارہ بیگم اختر کو مدعو کر رکھا ہے، داخل ہوئے تو دیکھتے ہیں کہ محترمہ غزل سرا ہیں۔ اختر صاحب خاموشی سے ایک کونے میں بیٹھ گئے۔ بیگم اختر نے غزل ختم کرتے ہی وقفے کا اعلان کر دیا اور چپکے سے صاحب خانہ سے کہا کہ وہ بھئی میں نے جاں نثار اختر کی کوئی غزل نہیں گائی ہے۔ اب یہ محفل میں موجود ہیں تو بُرا لگے گا کہ تمام شام دوسرے شعراء کی تخلیقات سناتی رہوں اور ان کی ایک نہیں۔ سو اگر آپ کے پاس اختر صاحب کی کوئی کتاب ہو تو اسے نکال کر اوپر اپنے bedroom میں بستر پر رکھ دیجیے۔ میں جلدی سے پڑھ کر تین چار اشعار یاد کرلوں گی اور فوراً دُھن بنا کر گا بھی دوں گی اس سے اختر صاحب کی عزت افزائی بھی ہو جائے گی اور میں بھی شرمندگی سے بچ جاؤں گی۔

بیگم اختر کو علم نہ تھا کہ صاحب خانہ کی اختر صاحب سے خاص قربت تھی۔ سو ہوا کیا کہ جب صاحب خانہ نے اختر صاحب کو یہ پیغام پہنچایا تو اختر صاحب نے کہا کہ ''اگر بیگم اختر کو اپنے فن پر اتنا اعتماد ہے کہ وہ چند منٹ میں شعر یاد کر کے اور دُھن بنا کے بر سر محفل غزل گا سکتی ہیں تو میرا فرض کمال یہ کہتا ہے کہ میں ابھی فوراً ایک نئی غزل لکھ کے انھیں دوں۔ یہ کہنے کے پانچ چھ منٹ کے اندر اختر صاحب نے ایک نئی غزل کہی جو بیگم اختر نے اس محفل میں گا کے سنائی۔ یہ غزل وہ تھی کہ جس کا مطلع ہے۔

صبح کے درد کو راتوں کی جلن کو بھولیں
کس کے گھر جائیں کہ اس وعدہ شکن کو بھولیں

کہئے اب اس سے بڑھ کے کیا دوں ان کی مشاقی سخن اور قادر الکلامی کا ثبوت؟

نفسیاتی سوجھ بوجھ

یوں تو شاعری انسانی جذبات، ذہنی کشمکش اور دِل کے پراسرار تقاضوں کا ہی ایک مترنم ذریعہ ہے لیکن کچھ دور ایسے بھی آتے ہیں جب شاعری سماجی مسائل کی طرف متوجہ ہوتی ہے اور کچھ شاعر فطرتاً ایسے ہوتے ہیں جن کا خطیبانہ رجحان ایوانِ شاعری کو منطق کے furniture سے بھر دیتا ہے۔ ان دونوں باتوں کا نتیجہ یہ ہوتا ہے کہ شاعری ایک سیاسی تقریر یا قانونی بحث میں بدل جاتی ہے۔ اختر صاحب کے Progressive Writers Association کے دور میں کہیں کہیں یہلی کمزوری تو ضرور نظر آتی ہے۔

ایستالن ہمیں منزل پہ بلاتا ہے چلو

کے قماش کے مصرعے اس blemish کو واضح کرتے ہیں لیکن اختر صاحب کا بنیادی مزاج غنائی اوروالہانہ ہے۔ اس سبب سے ان کی شاعری کے کندھے کبھی logic کے بوجھ سے جُھکے ہوئے نہیں معلوم ہوتے بلکہ اس میں خاص confessional mode نظر آتا ہے جو کہ self-pity پر مَبنی نہیں ہے اس کی بنیاد ایک گہری نفسیاتی سوجھ بوجھ پر ہے۔ فلم کے بڑے پھیلاؤ میں یہ خوبی سمو دینا آسان ہے لیکن غزل کے محدود آنگن میں داخل الجھنوں کے muances کا ذکر فراق کے بعد صرف اختر صاحب کا حصہ ہے، اس سے پہلے کہ مثالیں دوں یہ ضرور کہنا چاہوں گا کہ اختر صاحب کی نفسیاتی سوچ سمجھ نہ صرف ان کے آخری دور کی جدید غزلوں میں جھلکتی ہے بلکہ ان کی ابتدائی دور کے کلام میں بھی موجود ہے۔

کبھی لطافت احساس نے ستایا ہے
خود اپنے دل کی نزاکت بھی بار گزری ہے
کبھی کبھی مرا ادراک یوں بھی جاگا ہے
کہ مجھ پہ خود مری فطرت بھی بار گزری ہے

یا پھر یہ:

کل یہی خواب حقیقت میں بدل جائیں گے
آج جو خواب فقط خواب نظر آتے ہیں

یا پھر یہ:

فرصت عشق بھی نہیں حاصل
آج انسان ہے بہت مشغول

فلم editing کی طرح اس سین کو کاٹ کر کوئی تیس سال آگے چلئے تو پتہ چلتا ہے کہ عشق بغیر قربتِ دل و جاں کے نہیں ہو سکتا۔ کہتے ہیں:

مجھے تو اس قدر اپنے قریب لگتا ہے
تجھے الگ سے جو سوچوں عجیب لگتا ہے

لیکن وہ یہ نہیں بھولتے کہ:

ہزار ایک ہوں دو ذہن مختلف ہوں گے
یہ بات تلخ ہے لیکن ہے عین فطرت بھی

اور اسی لیے اعتراف کرتے ہیں کہ:

تو مری ذات میں گم ہوسکا نہ میں تجھ میں
بہت قریب ہوئے پھر بھی فاصلہ تو رہا

اور سچ ہے کہ انسان لاکھ محبت مانگے۔ لاکھ حسیناؤں اور احِبّاء کا قرب چاہے اس کو تنہائی بھی کم کشش آمیز نہیں لگتی۔ اکیلے پن کی تلاش اور ضرورت کبھی کبھی اس کو مجبور کر دیتی ہے کہ وہ human contact کو actively reject کرے۔ اختر صاحب اس کیفیت کو یوں بیان کرتے ہیں۔

ہم پر سَو سَو بار پڑے ہیں دورے وہ تنہائی کے
جو بھی ہم سے ملنے آیا ملنے سے انکار کیا

بات اس حد تک بھی نہ بڑھے تو بھی دوسروں کا وجود مزاج کو کھَل سکتا ہے۔

کبھی خود اپنی وفا سے ہوا ہے دِل بیزار
کبھی خود ان کو محبت بھی بار گزری ہے

ایسے لمحات میں محبوب کی آواز تک گراں گذر سکتی ہے۔

میں جب بھی اس کے خیالوں میں کھو سا جاتا ہوں
وہ خود بھی بات کرے تو بُرا لگے ہے مجھے

لیکن داخلی محفل آرائی ہی intrusion کی کِشت جاں افزا نہیں ہے۔ اکثر اس قسم کی social withdrawal ایک تلخ تجربے ایک عقیدے کی شکست اور ایک اندوہ آمیز psychic retreat سے بھی پیدا ہوتی ہے۔

صبح کی آس کسی لمحہ جو گھٹ جاتی ہے
زندگی سہم کے خوابوں سے لپٹ جاتی ہے

اس تمام نفسیاتی سوجھ بوجھ کے باوجود اختر صاحب اپنے برتاؤ کے لیے زمانے کو الزام دینے کے جرم سے مکمل بری نہیں ہیں۔ ان کی مشہور آفاق نظم ''آخری لمحہ'' میں ایک شعر اس عامیانہ انسانی کمزوری کو ظاہر کرتا ہے۔ اپنی اولاد سے کُھل کر محبت نہ کر پانے اور زیادہ وقت ساتھ نہ گذار پانے کو اختر صاحب یوں explain کرتے ہیں۔

میں جانتا ہوں کہ حالات کا قصور تھا سب
مگر میں خود کو تسلی کبھی نہ دے پایا

خیال کا یہ self-serving موڑ ان کی mature شاعری کو زیب نہیں دیتا۔ شکر ہے کہ اس قسم کے rationalizations ہمیں ان کی شاعری میں کم ہی ملتے ہیں۔ زیادہ ملتی ہے ایک گہری ایمانداری اور اپنے بارے میں تلخ سچ، سننے اور کہنے کی جرأت۔ مثال کے طور پر احساس جرم کے بارے میں کہتے ہیں۔

معاف کر نہ سکی میری زندگی مجھ کو
وہ ایک لمحہ کہ میں تجھ سے تنگ آیا تھا

اور پھر اس جرم کی تلافی masochistic surrender سے کرتے ہیں۔

ملاحظہ فرمائیں:

رنج و غم مانگے ہے اندوہ و بلا مانگے ہے
دل وہ مجرم ہے جو خود اپنی سزا مانگے ہے

لیکن جب سزا خود سے پانے کے بجائے دوسروں سے اور خاص طور پر اپنے سے کمتر دوسروں سے ملنے لگتی ہے تو اس کے خلاف بغاوت کرنے کی سکت بھی رکھتے ہیں۔

جب لگیں زخم تو قاتل کو دعا دی جائے
ہے یہی رسم تو یہ رسم اٹھا دی جائے

اس خود اعتمادی کا ایک اور خوبصورت پہلو خود اپنے فن کے سلسلہ میں پیش کیا ہے۔

ہم سے پوچھو کہ غزل کیا ہے غزل کا فن کیا
چند لفظوں میں کوئی آگ چُھپا دی جائے

یا پھر یوں کہ

غزل کو کل نہ ملیں گے مزاج داں ہم سے

مگر self-confidence بڑھے تو self-deception بھی بن سکتا ہے۔

ہم سے اک بار نہ جیتا ہے نہ جیتے گا کوئی
وہ تو ہم جان کے کھا لیتے ہیں ماتیں اکثر

خوش کُن بات یہ ہے کہ وہ اپنی خود فریبی کا مذاق بھی اُڑا لیتے ہیں۔

ہم نے انسانوں کے دکھ درد کا حل ڈھونڈ لیا
کیا برا ہے جو یہ افواہ اُڑا دی جائے

اور اعتراف کرتے ہیں کہ اس narcissistic repair کے پس منظر میں عمر گذر جانے کا احساس اور آنے والے بُڑھاپے کا ڈر بھی ہے۔

نہ جانے وقت کی رفتار کیا دکھاتی ہے
کبھی کبھی تو بڑا خوف سا لگے ہے مجھے

اور یہ خوف انھیں پھر خود فریبی پر مجبور کر دیتا ہے گو کہ ایک ہلکی سی irony لہجہ میں برقرار رکھتے ہیں۔

پہلے حقیقتوں ہی سے مطلب تھا اور اب
اک آدھ بات فرض بھی کرنے لگا ہوں میں

لیکن ایک منٹ رُکئے کہیں ایسا نہ ہو کہ تنہائی پسندی، تاسُّف، خوف اور masochism کی اس تفصیل سے آپ کو یہ دھوکا نہ ہو جائے کہ اختر صاحب کی شاعری میں لطف، مسرت، پرستش حسن اور جولانی عشق کی کمی ہے۔ ایسا ہرگز نہیں ہے۔ جسم کے پُر حدّت اصرار، معشوق کی یاد کے استعارے، اور وصل کی انبساط آمیز حکایتیں، ان کی شاعری میں ہمیں قدم قدم پر ملتی ہیں اور یہ گوشۂ جمال بھی قندیلِ نفسیات نگاری سے روشن ہے۔ مثال کے طور پر حسن کے تقاضوں اور sensual pleasure کو لے کے کہتے ہیں۔

رُخوں کے چاند ، لہو کے گلاب مانگے ہے
بدن کی پیاس بدن کی شراب مانگے ہے

یا پھر یہ کہ:

زُلفیں، سینہ، ناف، کمر
ایک ندی میں کتنے بھنور

اور یہ کہ

اک جاں گداز نشہ رگ و پے میں بس گیا
سارے بدن سے رات کوئی مجھ کو ڈس گیا

اِن اشعار کو زیب قرطاس کرتے ہوئے یاد آیا کہ ۱۹۶۵ء میں قاضی سلیم احمد نے اپنی ایک کتاب میں شکایت کی تھی کہ اردو شاعر sexuality سے خائف ہیں۔ اس کتاب کا نام تھا ''اردو شاعری اور آدھے دھڑ کا آدمی''۔ مندرجہ بالا اشعار کو پڑھ کر یقین ہوتا ہے کہ اختر صاحب کی شاعری ایک پورے جسم کے آدمی کی ہے۔

لیکن erotic mystery کے کھلم کھلا اظہار کے علاوہ کہیں زیادہ sublime اشعار بھی ہیں۔ ان موضوعات پر دیکھیے چند مثالیں:

اوڑھے ہوئے تاروں کی چمکتی ہوئی چادر
ندی کوئی بَل کھائے تو لگتا ہے کہ تم ہو

یا پھر یہ کہ

تو کہ بہتی ہوئی ندیا کے سمان
تجھ کو دیکھوں تو مجھے پیاس لگے

غزل کے اشعار سنا کر میں یہ غلط تاثر نہیں چھوڑنا چاہتا کہ اختر صاحب کی نظمیں نفسیاتی گہرائی نہیں رکھتیں، سچ تو یہ ہے کہ ان کی ترقی پسند تحریک کی عہد کی نظموں کو چھوڑ کر زیادہ تر نظمیں انسان کی داخلی الجھنوں کے بارے میں ہیں اور جہاں یہ اندرونی ڈرامے sublime نہیں ہیں وہاں بھی ایسے ایسے expressions ملتے ہیں جو بس دل کو چھو لیتے ہیں۔ مثال کے طور پر ''خاکِ دل'' (وہ نظم جو انھوں نے میری والدہ کی موت پر کہی تھی) کا یہ شعر حاضر ہے۔

آج سوتا ہی تجھے چھوڑ کے جانا ہوگا
ناز یہ بھی غمِ دوراں کا اٹھانا ہوگا

اور دیکھئے ''خاموش آواز'' (وہ نظم جو انھوں نے میری والدہ کی آواز میں ان کی قبر پر ایک رات گذار کے لکھی تھی) کا یہ شعر۔

چاند سے جب بھی بادل گزرا
دل سے گزرا عکس تمہارا

خارجی اور داخلی دنیا کے اس حسین امتزاج کی اور بھی دلکش مثال ہے ان کی نظم ''آخری ملاقات''، جس میں بچپن اور جوانی کی بھولی بسری چیزیں جذبات کی علامت

بن جاتی ہیں۔ ملاحظہ فرمائیں یہ اشعار:

دو پاؤں بنے ہریالی پر
اک تتلی بیٹھی ڈالی پر

کچھ جگ مگ جگنو جنگل سے
کچھ جھومتے ہاتھی بادل سے

یہ ایک کہانی نیند بھری
اک تخت پر بیٹھی ایک پری

کچھ گُن گُن کرتے پروانے
دو ننھے ننھے دستانے

کچھ اڑتے رنگیں غبارے
ببو کے دوپٹے کے تارے

یہ چہرا بنو بوڑھی کا
یہ ٹکرا ماں کی چوڑی کا

مت روکو انھیں پاس آنے دو
یہ مجھ سے ملنے آئے ہیں

میں خود نہ جنھیں پہچان سکوں
کچھ اتنے دھندلے سائے ہیں

چھوٹی چھوٹی چیزوں اور روزمرّہ کی باتوں کی پرشکوہ معنویت کو celebrate کرتے ہوئے یہ اشعار اختر صاحب کی بنیادی large-heartedness کے مضبوط گواہ ہیں اور یہ نیکی، زمانے سے خلوص، اور تشکرِ وجود ان کی نظم ''آخری لمحہ'' کے ان اشعار میں خصوصاً روشن ہیں۔

جینے کی ہر طرح سے تمنا حسین ہے
ہر شر کے باوجود یہ دنیا حسین ہے

دنیا کی تند باڑھ بھیانک سہی مگر
طوفاں سے کھیلتا ہوا تنکا حسین ہے

صحرا کا ہر سکوت ڈراتا رہا تو کیا
جنگل کو کاٹتا ہوا رستا حسین ہے

دہشت دلا رہی ہیں چٹانیں تو کیا ہوا
پتھر میں جو صنم ہے وہ کتنا حسین ہے

ہوں لاکھ کوہسار بھی حائل تو کیا ہوا
پل پل چمک رہا ہے جو تیشہ حسین ہے

در بند ہے جو صحنِ گلستاں کا غم نہیں
خوشبو جو لے اڑا ہے وہ جھونکا حسین ہے

لاکھوں صعوبتوں کا اگر سامنا بھی ہو
ہر جہد ہر عمل کا تقاضا حسین ہے

جینے کی ہر طرح سے تمنا حسین ہے
ہر شر کے باوجود یہ دنیا حسین ہے

سردار جعفری نے سچ کہا ہے کہ ''جب تک اردو زبان باقی ہے ان شعروں کی تابناکی میں کمی نہ ہوگی۔''

حدودِ جنسی سے ماورائی

آخری بات جو میں اختر صاحب کی شاعری کے بارے میں کہنا چاہتا ہوں اس کا تعلق gender سے ہے۔ اختر صاحب میں idiomatic اور experiential خلیج کو پار کرنے کی غیر معمولی صلاحیت تھی۔ مانتا ہوں کہ بھکتی رُوپ اور صوفیانہ انداز کی شاعری میں شاعر اکثر عورت بَن کر اظہار جذبات کرتا ہے اور اس بات سے بھی واقف ہوں کہ ضرورت کے سبب اور دی ہوئی situations پر سبھی فلمی گیت نگار مرد اور عورت دونوں ہی کی زبان میں لکھتے ہیں اور اس محدود realm میں اختر صاحب کی یہ صلاحیت کوئی خاص رتبہ نہیں رکھتی۔ یہ صحیح ہے کہ انھوں نے کئی بے حد اچھے گانے لکھے ہیں جو عورت کے جذبات کا اظہار خود اس کی زبان میں کرتے ہیں۔ مثال کے طور پر ''میں تمہیں سے پوچھتی ہوں مجھے تم سے پیار کیوں ہے'' (فلم بلیک کیٹ) ''بے مروت، بے وفا، بیگانۂ دل آپ ہیں۔'' (فلم سوشیلا) ''رات پیا کے سنگ جاگی رے سکھی'' (فلم پریم پربت) ''یہ دل اور ان کی نگاہوں کے سائے'' (فلم پریم پربت)

''آپ یوں فاصلوں سے گذرتے رہے'' (فلم شنکر حسین) اور ''اے دِل ناداں آرزو کیا ہے'' (فلم رضیہ سلطان)

یہ گانے مقبول بھی ہیں اور مستند ادبی کلام کے مظہر بھی۔ پھر بھی یہ گیت انھیں اپنے ہم عصر فلمی گیت نگاروں سے distinguish نہیں کرتے۔ ساحر صاحب کے عورت پر فلمائے گانے feminist زیادہ اور feminine کم ہوں کچھ لوگوں کی رائے میں تو ہوں مگر مجروح صاحب، شکیل بدایونی صاحب اور کیفی صاحب نے تو خاص طور پر عورت کی زبان میں نہایت کمال کے گانے لکھے ہیں۔ سو اختر صاحب نے بھی ایسے گانے لکھے تو کچھ انفرادیت نہیں حاصل کی۔

کمال ان کا ظاہر ہوتا ہے جب ہم ان کے غیر فلمی ادبی کلام کا مطالعہ کرتے ہیں یہاں وہ اپنے تمام ہم عصر شعرا سے مختلف دکھائی دیتے ہیں۔ ان کی نظم ''خاموش آواز'' جو تقریباً دس صفحات کی ہے میری والدہ کی زبان میں ہے۔ ان کی کتاب ''گھر آنگن'' میں کوئی پچاس قطعے اور رُباعیاں ایک بیوی (جو کہ میری سوتیلی ماں اور سچ پوچھئے تو کئی imaginary اور idealized بیویوں کا مرکب ہے) کی زبان میں ہیں اور ایک نہایت دلچسپ experimental نظم ''تعاقب'' مرد کی آواز میں شروع ہوتی ہے لیکن اختتام سے پہلے کے آٹھ دس مصرعے عورت کی زبان میں ہیں۔

اس طرح کی سنجیدہ شاعری ہمیں عہد حاضر میں کہیں نہیں ملتی۔ ظاہر ہے کہ ایک psychoanalyst ہونے کے ناطے میں یہ سوچنا avoid نہیں کرسکتا کہ اختر صاحب کو جذبات نسواں کی یہ سمجھ کہاں سے ملی اور اس کے اظہار کی جرأت ان میں کیوں کر پیدا ہوئی لیکن چونکہ

اس میں کچھ پردہ نشینوں کے بھی نام آتے ہیں

اس بحث کو یہاں نہیں اٹھاؤں گا۔

اِختتام

اِس مضمون میں میں نے اپنے والد جاں نثار اختر کے کلام کی چار خوبیاں واضح کرنے کی کوشش کی ہے، یہ چار خوبیاں ہیں وسعت سخن، قادرالکلامی، نفسیاتی سوجھ بوجھ اور زبان نسواں پر قدرت۔ میرے یہ خیالات آپ کو convince کریں یا نہ کریں مگر امید ہے کہ سوچنے پر ضرور مجبور کریں گے اور یاد رہے کہ اس مضمون کو لکھنے میں میں نے اختر صاحب کو ایک انسان اور ایک باپ کی حیثیت سے نہیں دیکھا ہے اور خود اپنے آپ کو ایک بیٹے اور ایک psychoanalyst کی واقفیت اور personal bias سے محروم رکھا ہے۔ اگر ان چار حضرات کو کچھ کہنے کی اجازت دیتا تو یہ مضمون ایک کتاب کی ضخامت اختیار کر لیتا اور کچھ زیادہ ہی personal ہو جاتا۔ کچھ کھڑکیوں پر پردے پڑے رہنا ہی اچھا ہے، یہ تو آپ بھی مانیں گے۔ ہاں اتنا ضرور کہہ دوں کہ میرے ایک شعر کو سن کر اختر صاحب نے بیساختہ کہا تھا کہ اس کا مصرع ثانی ان کے لوحِ مزار پر لکھا جائے۔ وہ شعر یہ تھا:

اپنی تو قبر پر طے ہے کہ یہ کتبہ ہوگا
"اک نہ اک دل میں تو یہ آدمی زندہ ہوگا"

کئی complex reasons سے ایسا ہو نہ سکا مگر یہ ضرور ہوا کہ اختر صاحب ایک دل کے بجائے ہزاروں دلوں میں زندہ رہے اور رہیں گے، سوچتا ہوں کہ اگر وہ میرا یہ شعر بھی سنتے تو ایک approving اور knowing مسکراہٹ ان کے چہرے پر بکھر جاتی۔

جس کے دل میں کہو قیام کریں
کون کہتا ہے بے اَماں ہم کو

• ● ⬤ ● •

میرے بھائی

جاوید اختر

(1944-present)

گو دیکھنے میں مُجھ سے بہت مختلف ہے وہ
اندر سے اُسکا حال بھی میرے سمان ہے

سلمان اختر

اَدبی تصانیف

- ترکش (۱۹۹۵)
- لاٗوا (۲۰۱۲)

جاوید اختر کے پانچ نہایت عُمدہ اشعار

میرے بھائی جاوید اختر بین الاقوامی شہرت کے مالک ہیں۔ یہ شہرت کئی اصناف میں مہارت اور قُدرت کے سبب اُن کو ملی ہے۔ فلموں کے اسکرین پلے اور ڈائیلاگ، سیاست کے میدان میں اہم اور جرأت مندانہ stances، شاعری میں قادرُ الکلامی اور سماجی حالات (خصوصاً مذہب کی بنا پر تفریق اور فرسودہ خیالات کے خلاف تقریریں) میں اُن کا بول بالا۔ یہ تمام کامیابیاں ان کی شہرت کا مرکب سبب ہیں۔ جس طرح اُن کی شہرت کا canvas وسیع ہے اُسی طرح اُن کا شاعرانہ سرمایہ کئی terrains کی پیداوار ہے۔ اس میں غزل، نظم، گیت کے علاوہ فلمی گانے اور بھجن بھی شامل ہیں۔

اس وُسعت کلام کے مدنظر میرے اس مضمون کے narrow focus پر قاری اگر اعتراض اُٹھائیں تو اپنے دفاع میں صرف اتنا کہوں گا کہ اور بہت کچھ لکھا جا چکا ہے اُن کی overall شاعری کے بارے میں اور مستقبل میں بھی لکھا جائے گا۔ میں نے اپنے اس مختصر مضمون کے لئے depth کو breadth پر prefer کیا ہے۔ یہ میرے مزاج کے بھی مناسب ہے اور میرے ڈاکٹری کے پیشے کے بھی۔

اب اس تمہید میں صرف ایک بات کا اضافہ کرنا ہے اور وہ یہ کہ میں نے یہ پانچ اشعار ہی کیوں مُنتخب کیئے اور کوئی اور پانچ اشعار کیوں نہیں۔ ظاہر ہے کہ اس میں کچھ

نہ کچھ subjectivity اور idiosyncracy کو aviod کرنا مُشکل تھا لیکن میرا خیال یہ ہے کہ یہ پانچ اشعار نہ صرف اُن کے بہترین تحفے ہیں اربابِ سخن کیلئے بلکہ معنی کے ان موتیوں سے جو ان کے اشعار میں نہاں ہیں ہم ایک بے حد قیمتی ہار بنا سکتے ہیں اُردو ادب کے لئے۔

خیر یہ سب تو ہوا، چلیئے اب قدم اُٹھائیں لطافتِ سُخن کے encounter کی طرف۔ایک ایک کر کے پڑھیں یہ اشعار اور سوچیں ان کے بارے میں۔اور جب یہ سفر ختم ہو تو کوشش کریں یہ سمجھنے کی کہ ان پانچوں میں کیا رشتہ ہے meanings کا اور کیا قدرِ مشترک ہے aesthetics کی۔

پہلا شعر

تُم بیٹھے ہو لیکن جاتے دیکھ رہا ہوں
میں تنہائی کے دِن آتے دیکھ رہا ہوں

اس شعر کی خوبی پہلے مصرع کے دوسرے phrase میں پنہاں ہے۔ ''لیکن جاتے دیکھ رہا ہوں''۔ظاہر ہے کہ اس میں کسی حقیقت کی منظر کشی نہیں ہے۔ یہ ہے اک اندرونی آ گہی کا بیان، اک خوف کا اظہار۔اک احساس کہ اب یہ رشتہ خاتمے پر ہے گو کہ حقیقی اور سماجی زنجیروں نے actual separation نہیں ہونے دیا ہے لیکن دِل کا لگاؤ اب نہیں رہا ہے۔ بقول عزیز قیسی:

اب تو فقط بدن کی مُروّت ہے درمیاں
تھا ربطِ جان و دل تو شروعات ہی میں تھا

تو جاوید اختر کے اس شعر میں اس ''شروعات'' کے خاتمے کا ذکر ہے۔ رشتہ ٹوٹا نہیں ہے، بدل گیا ہے، ٹوٹ رہا ہے۔ اور یہ movement اس شعر کی جان ہے۔ اس کرب کے گنبد میں فراق صاحب کے مندرجہ ذیل شعر کی echo بھی سنائی دیتی ہے۔

ایک وہ مِلنا، ایک یہ ملنا
کیا تو مجھ کو چھوڑ رہا ہے

لیکن ذرا رُکیئے۔ جاوید اختر کے شعر کے دوسرے مصرعے کی طرف دھیان دیجیے تو دو مزید باتیں واضح ہوں گی۔ ''میں تنہائی کے دن آتے دیکھ رہا ہوں''۔ once again یہاں reality کے بجائے imagination کو ترجیح دی گئی ہے۔ ''تنہائی کے دن'' ابھی کہاں، ابھی تو ''تم بیٹھے ہو'' لیکن شاعر جانتا ہے کہ ''تم'' صرف آدھے دِل سے موجود ہو، تم اب کہیں اور یا کسی اور کی سوچ رہے ہو۔ سو ''تنہائی کے دن'' ذہن میں آنا inevitable ہے۔

یہ experience اتنا دردناک ہے کہ اس کو کچھ postpopne کرنا ضروری ہے، ''آتے دیکھ رہا ہوں'' defend کرتا ہے اس horrible awareness سے کہ ''تنہائی کے دن'' تو آچکے ہیں۔ لیکن کچھ postponement سے اور کچھ ''جاتے'' کو ''آتے'' سے balance کرنے سے شاعر اس افسانے کو انجام تک نہ لا سکنے کا غم قوت برداشت کے سپُرد کرسکتا ہے۔ اسی میں خوبصورتی ہے، وہ خوبصورتی جسے ۱۹۰۸ میں فرائیڈ نے aesthetic bribe کہا تھا اور اسی میں سہہ پانے اور survive کرنے کا وہ جذبہ ہے جس پر غالب نے کہا ہے:

تاب لائے ہی بنے گی غالبؔ
واقعہ سخت ہے اور جان عزیز

دوسرا شعر

اک کھلونا جوگی سے کھو گیا تھا بچپن میں
ڈھونڈتا پھرا اُس کو وہ نگر نگر تنہا

اس شعر میں بظاہر سادگی ہے۔ دراصل اگر دھیان نہ دیا جائے تو شعر سطحی معلوم پڑتا ہے۔ ایک چیز کھوگئی اور اُس کو تلاش کیا جارہا ہے۔ جذبات اور حالات کا See-Saw ہے۔اس میں گہرائی کہاں۔لیکن ٹھہریئے۔یاد کیجیے، کہا تھا نِدا فاضلی نے:

دو اور دو جوڑ ہمیشہ چار کہاں ہوتا ہے

تو پھر سے دیکھیے جاوید اختر کے شعر کو۔اب تہیں کُھلنا شروع ہوں گی۔یہ کھلونا کیا واقعی محض اک کھلونا، اک toy تھا، یا ایک رشتہ، ایک خیال، ایک جذبہ، اک انسان؟ اور یہ کھویا ہے بچپن میں۔یعنی اس کا اثر کس قدر مسلسل اور پائندہ ہے۔ William Faulkner کا یہ قول یاد آتا ہے: "The past is not dead; it is not even past"

اور ندا فاضلی کا یہ مصرع بھی:

جو بیت گیا ہے، وہ گذر کیوں نہیں جاتا

تو اتنی ہی سوچ سے دو باتیں ظاہر ہوئیں: یہ صرف physical object کا loss نہیں۔اس میں اور باتیں بھی چُھپی ہیں۔ یہ کھلونا کس نے دیا تھا؟ اس کے کھو

جانے میں کس کی ذمے داری ہے؟ اور اس کا اثر adulthood تک کیوں persist کر رہا ہے، ظاہر ہے ''جوگی'' تو بچپن میں محض ایک بچہ تھا ''جوگی'' نہیں۔ تو کھلونا ''جوگی'' سے نہیں کھویا تھا اِک بچے سے کھویا تھا جو اَب جوگی بن چکا ہے۔ wait۔ کیا ایسا تو نہیں کہ بچپن کے اس loss نے ہی اس کو ''جوگی'' بنا دیا ہو؟ لیکن اُس کا بن باس، اس کا سَنیاس پورا نہیں، کیوں کہ وہ تیاگ نہیں کر پایا ہے اور اب تک ڈھونڈھ رہا ہے اُس کھلونے کو۔ اُس emotional experience کو جو اُس کو وہ کھلونا فراہم کرتا تھا۔ اُس معصوم دوستی کو جو اُس کے اور اس کھلونے کے بیچ تھی۔

اب آخری بات اس شعر کے بارے میں: نگر نگر کی تلاش کر کے شاعر ہمیں صاف بتاتا ہے کہ یہ اک illusory search ہے، وہ کھلونا اب ملنے والا نہیں ہے۔ اُسے ماضی کی اندھیری گود نے کب کا چھُپا لیا ہے۔ وہ مستقبل کے کھیت کھلیان میں نہیں اُگنے والا۔ یہ تو سمجھ میں آتا ہے۔ مگر اس ''جوگی'' کے ''تنہا'' ہونے کا کیا سبب ہے؟ کیا ''جوگی'' اور ''تنہا'' ہونا inseparable attributes ہیں؟ یا بچپن کے ایک اہم اور traumatic loss نے اس شخص کو رشتے بنانے اور سنبھال کے رکھنے کی capacity سے محروم کر دیا ہے؟ ایک شعر اور کتنے سوال؟ کتنے خیال؟ ہم ایک اچھے شاعر سے اور ایک اچھے شعر سے اِس سے زیادہ اور کیا توقع رکھ سکتے ہیں؟

تیسرا شعر

کبھی جو خواب تھا وہ پالیا ہے
مگر جو کھو گئی، وہ چیز کیا تھی

یہ شعر بھی بہت اچھا ہے۔ اس میں loss کا ذکر ہے مگر اب شاعر کا پیٹ کچھ بھر گیا ہے۔ وہ نہ تو تنہائی کے دن آتے دیکھ رہا ہے اور نہ ''نگر نگر'' ایک سعیِ رائیگاں میں مصروف ہے۔ اُس نے اپنے dreams کو actualize کر لیا ہے لیکن غالبؔ کی تنبیہ کو برطرف رکھتے ہوئے خوشی سے مرا نہیں ہے۔ پھر بھی wistfulness سے نجات نہیں پاتا۔ پایا تو ہے، اور جو پایا ہے اُس سے وہ خوب واقف ہے مگر کھویا بھی ہے کچھ، مگر کیا کھویا ہے، ٹھیک سے پتہ نہیں: ''وہ چیز کیا تھی؟''

ظاہر ہے کہ شاعر اس سوال کا جواب یا تو جانتا ہے مگر جاننا، یا بتانا نہیں چاہتا۔ یا پھر درحقیقت اس کا جواب نہیں جانتا۔ دونوں صورتیں ایک ہی explanation سے clear ہو جاتی ہیں۔ وہ ''چیز'' جو کھو گئی ہے ''چیز'' تھی ہی نہیں۔ It was not thing وہ اک feeling تھی۔ اک معصومیت کا احساس تھا، ایک نرم دلی کا زمانہ تھا۔ خود جاوید اختر کا ایک اور شعر اس explanation کو support کرتا ہے:

گِن گِن کے سکّے ہاتھ مرا کُھردُرا ہوا
جاتی رہی وہ لمس کی نرمی، بُرا ہوا

بات سمجھ میں آتی ہے، مگر یہ کس کے لمس کی نرمی تھی؟ صرف اپنے ہاتھ کا ذکر ہے یا اپنے ہاتھ کو کسی اور کے ہاتھ میں پانے کی ایک دُھندلی سی یاد بھی یہاں پنہاں ہے؟ اس سوال کا satisfactory جواب تو خیر نہیں دیا جا سکتا مگر اتنا ضرور اعتماد سے کہا جا سکتا ہے کہ شاعر کو احساس ہی نہیں، گمان ہی نہیں، بلکہ یقین ہے کہ کوئی کمی ابھی بھی زندگی میں باقی ہے، ایسی کمی جو دولت اور شہرت سے پُر نہیں ہوتی۔ علی سردار جعفری کا یہ مصرع کہ

یہ وہ صدا ہے جسے قتل کر نہیں سکتے

Progressive Writers' Movement کے context میں کہا گیا تھا مگر جاوید اختر کے اس شعر میں مضمر دُکھ کو feel کرتے ہوئے جعفری صاحب کے اس مصرع کے معنی بدل جاتے ہیں۔ ''یہ صدا'' سماجی ناہمواریوں سے احتجاج کی نہیں معلوم ہوتی بلکہ لگتی ہے ایک بازگشت کسی suppressed آہ کی۔ خود میرا ایک شعر عکّاسی کرتا ہے اس deferred emotion کی۔

میری خاموشیوں میں لرزاں ہے
مرے نالوں کی گمشدہ آواز

چوتھا شعر

بچھڑ کے ڈار سے بَن بَن پھرا وہ
ہرن کو اپنی کستوری سزا تھی

اس شعر میں پچھلے دو اشعار کی جھلک ہے۔ جوگی کا نگر نگر بھٹکنا، اور باوجود کامیابی سے کسی vague loss کا احساس جو پچھلے دو اشعار میں تھا وہ تو یہاں بھی ہے۔ مگر اس شعر میں کچھ نئی باتیں بھی ہیں۔ پہلی تو یہ کہ بچھڑنے کا ذکر تو ہے لیکن یہ بات ambiguous چھوڑ دی گئی ہے کہ وہ ہرن بچھڑا کیسے؟ کیا خودؔ اُس کے مزاج میں ضد تھی دوسروں کے ساتھ نہ رہنے کی؟ کیا اُس کی خوبصورتی اور ذہانت دوسروں کو برداشت نہ تھی؟ کیا اُسے کسی حادثے نے اپنے group کے الگ کر دیا؟ کیا ہوا اُس کے ماں باپ کو، اُس کے ساتھیوں کو؟ کچھ پتہ نہیں۔ صرف ایک loss ایک

separation کا ذکر ہے۔ الزام کسی پر نہیں ہے۔ دوسری بات ہے ''ہرن'' کی choice۔ یہ جانور ہے تیز رفتار اور خوبصورت۔ یعنی اہم خوبیوں کا مالک جو اگر انسان ہوتا تو ضرور کامیاب ہوتا، دولت وشہرت کا مالک ہوتا۔ سو اس particular choice سے یہ جانور خود شاعر کا avatar بھی گردانا جاسکتا ہے۔

تیسری بات یہ کہ ''بَن بن پھرنا'' اس ہرن کا اُس جوگی کے نگر نگر بھٹکنے سے مختلف ہے۔ بظاہر دونوں تلاش میں ہیں۔ مگر جوگی اس کھلونے کو ڈھونڈھ رہا ہے جو اس سے کھو گیا تھا۔ ہرن اُس خوشبو کو ڈھونڈھ رہا جو خود اُس کے اندر موجود ہے۔ یعنی loss، separation نے اُسے اتنا damage نہیں کیا ہے کہ ساری اچھائیاں، ساری خوبیاں اُس کی تباہ ہو جائیں۔ وہ تلخیٔ حالات اور ذاتی زخموں کو survive کر چکا ہے۔ اُس میں کمی ہے تو خود آگہی کی ورنہ اُس میں ''کستوری'' (ذہانت، talent، جرأت رندانہ) کی کمی نہیں۔ شاید وہ اب اور بھی سچ برداشت کر سکے اپنے بارے میں، اپنے ماضی کے بارے میں، اپنے loss کے بارے میں۔ شاید ایسی بھی ایک شام آئے جو اُس کو لذّتِ گریہ سے محروم نہ رکھے۔

پانچواں شعر

جُھٹ پٹے کا عالم ہے، جانے کون آدم ہے
اک لحد پہ روتا ہے منہ کو ڈھانپ کر تنہا

جاوید اختر کا پانچواں اور آخری شعر پچھلے چار اشعار سے similar بھی ہے اور different بھی۔ similar اس طرح سے ہے کہ اس شعر میں بھی loss، تنہائی اور

افسوس کی داستان ہے اور different اس لئے کہ اس میں نہ اندیشہ ہے (''لیکن جاتے دیکھ رہا ہوں'') نہ خوف ہے (''میں تنہائی کے دن آتے دیکھ رہا ہوں'') نہ تلاش ہے (''ڈھونڈھتا پھرا اُس کو'') نہ تجسس ہے (''......وہ چیز کیا تھی؟'') اور نہ بے چینی (''بن بن پھرا وہ......'')۔ان تمام restless emotions کے بجائے اس پانچویں شعر میں ایک ٹھہراؤ ہے، وہ ٹھہراؤ جو حقیقت کو مان لینے سے مزاج میں پیدا ہوتا۔ پچھلے چار اشعار loss کا اعتراف تو کرتے ہیں مگر اُس زخم پر طرح طرح کے مرہم بھی رکھتے ہیں۔ برعکس اُن سب کے، یہ پانچواں شعر صاف اقبال کرتا ہے نہ صرف loss کا (آخرکار ''لحد'' کا مطلب ہی ہے کوئی گذر گیا ہے اس دنیا سے) بلکہ اُس شدید غم کا بھی جو اُس loss نے پیدا کیا ہے۔

اس شعر کا ہیرو رُوتا ہے، وہ ڈھونڈھتا اور بھٹکتا نہیں ہے۔ یہ ''آدم'' لہولہان ہے، قبرستان کا visitor ہے، سچ کا حامل ہے اور زندگی کے جُھٹ پٹے کا معترف۔ اُس میں تنہائی برداشت کرنے separation اور loss برداشت کرنے، اور mourning کی صلاحیت ہے۔ وہ نہ تو ایسا بچہ ہے جو کھوئے ہوئے کھلونے کا متبادل ڈھونڈھ رہا ہے نہ کوئی جوگی جو پوری طرح سنیاس بھی نہ لے سکا ہو، نہ وہ عاشق جو اندیشۂ فرقت کا شکار ہے، اور نہ وہ ہرن جو اپنے اندر چُھپے اوصاف سے ناواقف ہے۔اس پانچویں شعر کا ہیرو ایک mature adult ہے جو سمجھتا ہے کہ زندگی میں loss کسی نہ کسی طرح ہوتا ہی ہے اور جو جانتا ہے کہ آہ وبُکا اور رنج والم کا اقبال اور اظہار کمزوری نہیں بلکہ انسانی ضرورت بھی ہے اور مضبوطی بھی۔

ان تمام باتوں کے مدّ نظر میرا خیال یہ ہے کہ پہلے چار اشعار بہت اچھے ہیں لیکن یہ پانچواں شعر ایک عظیم شعر ہے۔ اس شعر سے صاف ظاہر ہوتا ہے کہ اب دولت اور شہرت کی بھوک نہیں۔ یہ شعر فساد کے بعد کا ہے۔ اب مُہرے کا سفر ایک نئی منزل پر ہے۔ اب وقت ہے کہ وہ ایک کمرہ کھولا جائے جہاں اگر اندوہ وتاسّف وغم ورنج کا انبار ہے تو اس بوجھ کو بُردباری، نیک مزاجی اور حقیقت پسندی سے اُٹھانے کی صلاحیت بھی ہے۔ اب غم سے مفر لازم نہیں۔ اب غم خود اپنا علاج ہے۔ بقول غالبؔ۔

رنج سے خوگر ہوا انساں تو مٹ جاتا ہے رنج

جاوید اختر کے اس شعر میں بُدھ کا سچ، مشہور ماہر نفسیات Melanie Klein کی depressive position اور تلاش کو تلافی میں تبدیل کرنے کی کوشش ہے اور ساتھ ساتھ اُس کوشش کے inevitable failure کا اقرار بھی۔

اِختتام

ہندوستان کے سابق صدر جمہوریہ ڈاکٹر ذاکر حسین نے ایک بار کہا تھا اچھے شعر میں تین خوبیاں ہوتی ہیں: (ا) زیادہ مُشکل نہ ہو، ایک دو بار سننے سے سمجھ میں آجائے۔ (۲) تین چار بار دہرائیں تو زبانی یاد ہو جائے اور (۳) کہ جی چاہے کہ ہم نے کہا ہوتا۔

اس آخری خوبی کا ذکر غالبؔ نے بھی کیا ہے۔

دیکھنا تقریر کی لذّت کہ جو اُس نے کہا
میں نے یہ جانا کہ گویا یہ بھی میرے دل میں ہے

جاوید اختر کے ان تمام اشعار میں ڈاکٹر ذاکر حسین کی بتائی ہوئی تمام خوبیاں ہیں اور میرے لئے اُن کے شعر میں وہ اعجاز بھی ہے جس کی طرف غالب نے اشارہ کیا ہے۔ اور کیوں نہ ہو؟ آخر کار ہم دونوں بھائی ہیں اور گو سطحی طور پر ہماری زندگی کے راستے، ہمسفر، مقاصد، اور کارنمایاں مُختلف ہیں لیکن کچھ زخم ہمارے ایک سے ہیں (''ایک ہیں'' کہنا سچ نہ ہوگا) اور اُن کا اثر ہمارے کردار پر بھی ہے اور ہمارے اشعار پر بھی۔ میں نے اِس observation کو شعر میں یوں باندھا ہے۔

گو دیکھنے میں مُجھ سے بہت مختلف ہے وہ
اندر سے اُس کا حال بھی میرے سمان ہے

اس ''اندر کے حال'' پر جاوید اختر نے بہت کچھ لکھا ہے اور بہت سے genres میں لکھا ہے۔ میرا پانچ اشعار کا یہ arbitrary انتخاب نامکمل ضرور ہو سکتا ہے مگر well- intentioned ہے۔ میری کوشش ہر لمحے رہی ہے کہ اس سخنوری کے مخمل میں linguistic deconstruction اور نفسیات کے کچھ سلمٰی ستارے ٹانک دوں۔ کامیاب ہوا ہوں یا نہیں یہ تو صرف جاوید اختر بتا سکتے ہیں یا اُن کے وفادار قاری۔ یہ بات کہتے ہوئے مجھے اپنا ایک پرانا شعر یاد آتا ہے اور اُسی پر اس گفتگو کو ختم کرتا ہوں :

دیکھیں وہ اس سوال کا دیتا ہے کیا جواب
سنتے ہیں، آدمی بڑا جادو بیان ہے

• • ● • •

اِس کتاب کے بارے میں چھٹی اور آخری بات

اِس کتاب کو لکھنا ختم کرر ہا ہوں تو ثاقب لکھنوی کا یہ شعر ذہن میں آتا ہے۔

زمانہ بڑے غور سے سُن رہا تھا
ہمیں سو گئے داستاں کہتے کہتے

مگر سچ یہ ہے کہ نہ تو میں دعویٰ کے ساتھ کہہ سکتا ہوں کہ ''زمانہ'' (یہاں بہ مطلبِ قارئین) میرے ان مضامین کو غور سے سُن (پڑھ) رہا تھا'' اور نہ یہ کہ میں اس رام کہانی کو سُناتے سناتے سو گیا۔ عین ممکن ہے کہ لوگوں نے کچھ مضامین آدھے پونے پڑھ کر چھوڑ دیئے ہوں اور یہ حقیقت ہے سونے کے بجائے ان مضامین کی تصنیف نے مجھے جگا دیا ہے۔

اس کارِ خیر نے اضافہ کیا ہے میری ادب شناسی میں، واقف کروایا ہے مجھے قادرُالکلامی اور زُود گوئی کے سحر و اعجاز سے، اور بڑھائی ہے میرے دل میں عزت نہ صِرف اپنے خاندان کی بلکہ the institution of family-at-large کی۔ لندن کے ایک مشہور psychanalyst ڈاکٹر Donald Winnicott نے کہا ہے کہ ہمیں اپنے گھر کی اہمیت کا احساس تب ہوتا ہے جب ہمارا گھر ہم سے چھوٹ جاتا ہے (خواہ وہ معاشی وجہ سے ہو یا والدین کی کی موت کے سبب یا وطن کی ہجرت

کے باعث) یہ بات اینٹ پتھر کے بنے گھر پر ہی نہیں بلکہ انسانوں کے جیتے جاگتے خاندان پر بھی صادق آتی ہے۔ خاندان کی اہمیت وہ لوگ زیادہ سمجھتے ہیں جن کے خاندان نہ ہوں یا طوفانی ہوا میں تنکوں کی طرح تتر بتر ہو گئے ہوں۔ لیکن انسان اُمید ہمیشہ رکھتا ہے کہ وہ پھر ایک گھر، پھر ایک خاندان ڈھونڈ ھ لے گا یا بنائے گا۔ غالبؔ نے کیا خوب کہا ہے کہ

گھر میں تھا کیا، جو ترا غم اُسے غارت کرتا
وہ جو ہم رکھتے تھے اِک حسرتِ تعمیر، سو ہے

میری یہ کتاب جو کوشش کرتی ہے کہ میرے دادا، میرے ماموں، میرے والد، اور میرے بھائی کو ایک جگہ جمع کر کے میرے لئے ایک (ادبی) خاندان بنائے، اُسی ''حسرتِ تعمیر'' کا ایک نمونہ ہے۔

• • ● • •

Dr Donald Winnicott ने कहा है कि हमें अपने घर की अहमियत का एहसास तब होता है जब हमारा घर हमसे छूट जाता है, चाहे वह आर्थिक कारणों से हो, माँ-बाप की मौत की वजह से हो, या फिर प्रवास की वजह से हो। यह बात ईंट-पत्थर के बने घर पर ही नहीं बल्कि इंसानों के जीते-जागते परिवार पर भी खरी उतरती है। परिवार की अहमियत वे लोग ज़्यादा समझते हैं जिनके परिवार न हों या तूफ़ानी हवा में तिनकों की तरह तितर-बितर हो गए हों। लेकिन इंसान उम्मीद हमेशा रखता है कि वह फिर एक घर, फिर एक ख़ानदान ढूँढ़ लेगा या बनाएगा। ग़ालिब ने क्या ख़ूब कहा है :

घर में था क्या जो तिरा ग़म उसे ग़ारत करता
वो जो हम रखते थे इक हसरत-ए-तामीर सो है।

मेरी यह किताब, जो मेरे दादा, मेरे मामू, मेरे वालिद और मेरे भाई को एक जगह जमा करके मेरे लिए एक (साहित्यिक) परिवार बनाने की कोशिश है, उसी 'हसरत-ए-तामीर' (निर्माण की कामना) का एक नमूना है।